萬力

小琉球王船的記憶與技藝

鄭華陽
陳建佐 著

推薦序

好之、樂之、知之

閒暇時，我總喜歡翻閱黃慶祥老師的《古典小琉球》，讓我的思緒隨著時光隧道，回到小琉球那美好的五、六十年代。舉凡那一代人們的砍柴、挑水、游泳、釣魚、迎王、看戲等，那些淳樸、勤奮、和睦、安詳的畫面，在在使我低迴不已。豔羨之餘，我常感慨余生也晚，未能親炙於那美好的年代。

所幸，三年一科的迎王還是被完好地保存著。沿路各家各廟所準備的飲料，午餐各式各樣的點心；不僅豐富了每個琉球人的味蕾，更豐富了每個琉球人的心靈。傳統的「遊府吃府，遊縣吃縣」的信念，被鄉親篤實奉行實踐著；而且隨著生活水準的提高，其內容也益加多彩繽紛。雖然琉球遷出的人口日益眾多，但返鄉參與迎王的鄉親則是有增無減。八十九年起，琉球的各國中、小都在迎王期間放假，以讓小朋友能充分參與，這在全臺可說是絕無僅有的。

但是，在小朋友都說好吃、好玩之外，似乎也要讓他們知道今日迎王的得來不易。從早先渡海參加東港迎王，而後分乘船隻至南鯤鯓會香，而至七十四年起的自辦迎王。這一路走來，是聚集了眾多鄉賢、鄉親的智慧及努力才有了今日的規模；這光輝燦爛的一頁是不可抹滅的。有感於此，鄉裡青年鄭華陽、陳建佐，對那段歷史作一詳細的記錄與介紹。書中第二部分的王船建造過程記錄，除了表達對造船師傅的禮敬外，也希望這工藝能跟迎王一樣傳承下去。

早先,鄉賢蔡坤峰的《小琉球大令迎王記》已為那段歷史留下可貴的資料;學者李宗信的碩士論文也蒐羅日據時代的報紙,作確實的佐證;兩人可說貢獻良多。但前者印刷量有限,後者則只藏諸圖書館高閣,一般鄉親並無緣窺見。上科迎王前,黃老師出版了《返鄉日記2》,之後,鄭明出版了《航向金銀島》,使眾多的鄉親對荷蘭時代以來的小琉球歷史有了具體的概念。希望本書的出版,也能使鄉親對小琉球的迎王歷史有了更具體清晰的認識,在迎王中,不僅是做個「好之者」、「樂之者」,同時也能做個「知之者」,是為所願。

113.07.18 琉球鄉長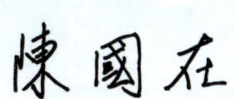

作者序

　　家中不業漁，親友間也無人從事造船或木匠、裝潢等業，一切的緣分神秘地連繫自十二年前壬辰正科送王前添載的那半刻鐘。那晚和母親到三隆宮看大戲，偶然地母親走向正忙著添載的王船旁和一位大叔聊起，母親說那是他國小同學，國小畢業後學造船，王船就是他們造的，不過以後可能沒人了等等。「造王船」--原來王船是這些人造的，彷彿解開密鎖似的，「造王船」就像深沉又厚重的概念綿綿而來，從小參與到大的迎王祭典瞬間變得立體，注意力全被劇場小黑人所吸引，原來「迎王」除了光彩耀眼的神轎、除了堪比說書的大千歲辦案、除了吃山喝海以外，還有一個叫「王船組」的存在，還有無數股力量和一群不曾被看見的人，原來「迎王」比我想的和知道的還要精采。

　　也曾自忖閱讀過許多民俗類書，理應對相關場域不陌生，壬辰正科那晚後，我認識到曾閱讀過的內容大多是作者以局外人的角度撰寫的報導文，就像雖然看過無數遍大地地理雜誌介紹的絲路，但唯有真正走出玉門關後才知道什麼是戈壁、什麼是綠洲。

　　藉撰寫碩士論文的名義一頭扎進了「王船組」，自壬辰正科那晚母親與排叔說著：「以後可能沒人了。」至今甲辰正科恰好一紀年，參與東港王船建造完成了學位論文，並藉此基礎編纂以琉球王船為主角的〈船心傳藝—乙未正科王船建造紀錄手冊〉，論文與〈船心傳藝〉一冊雖然是國內首次披露王船建造全過程的文獻，但卻遠不足以展現出在「造王船」上幾代造船匠師傾注心血傳承的深厚技藝和情感，跟隨司傅們上上下下時更深刻感到技藝流失的危機，以及隨著技藝失傳而被遺忘的造船匠師們的記憶。

其間也曾嘗試整理圖檔搭配說明後剪輯成影片，但嘗試後感覺效果不佳便暫時擱置，後雖因撰寫〈字繪琉嶼〉一書分散了注意力，但對於如何傳承王船造船技藝之事卻總悄然縈繞於心，雖然著急卻得在線等，等一個契機。

　　戊戌正科那年認識的建佐，同樣對民俗文化有興趣，同樣想書寫這塊土地的什麼，就讀成大臺文所的他幾經選擇後決定以東港王船組匠師為主角撰寫論文因而加入王船組，當向建佐提出本書的概念時，他只要我負責找經費，而他則利用碩士畢業後到就業的空檔間回琉球全職參與王船建造，更貼近地和司傅們互動，觀察組員的交流，完成科巡組織中獨屬於王船組的側寫。

　　其特色在於王船組以造船司傅為骨幹，輔以木匠、裝潢、雜工等成員，木造船的技藝自日治時代幾經改良延續至今，隨著木造船產業消失僅餘建造王船時方能見到其工藝。不同於科巡各組，王船組造船司傅和組員間由師徒、父子、兄弟、叔姪、友伴等關係緊密連結如網，技術背景與成員關係讓王船建造不只是一件事，更是一群人如何在代際層遞間傳承技術、延續情誼，本書前半部全賴建佐細膩的觀察與獨特的筆調，所以我相信他是等來的契機，足以寫出王船組內情感的契機。

　　本書後半取〈船心傳藝〉一書做基礎，盡可能地達成用文字保存造船技術的任務，因此採類似操作手冊的方式編寫，用甘特圖拉出時間軸和工作項目後，細分各子項目的進度和施作程序，擬構出船隻組裝過程。

　　當然僅靠文字保存是不夠的，有幸在辛丑正科建造王船時認識趙子毅—趙導，當時結下的幾面之緣於新春請示甲辰正科迎王日時成熟，在經費還沒著落前，只憑一時念起便徑直向趙導提了本書的構想，趙導熱情應允負責處理影像紀錄，今年王船建造其間他與建佐常駐船寮就近拍攝所有儀式和施作細節，為將來有意了解、認識、學習、研究、交流木造船或王船建造過程的技術留下詳盡資料，延續王船組司傅們技藝的火種。

技術留下詳盡資料,延續王船組司傅們技藝的火種。

就像房間裡的大象一樣「這些造船的快斷種了」的耳語窸窣不停,所有人都知道但卻不知該如何是好,希望《萬力—小琉球王船的記憶與技藝》能達到承先啟後之效,讓「以後沒人了」這句變成「怎麼這麼多人」,那麼與建佐便沒有愧對這段期間蹭的便當了。

自壬辰起至甲辰,壬為坎水、甲為震雷,〈雷水解〉《彖》曰:「解,險以動,動而免乎險,解。解,利西南,往得眾也;其來復吉,乃得中也;有攸往夙吉,往有功也。天地解而雷雨作,雷雨作而百果草木皆甲坼,解之時大矣哉。」

緣起的前後時間竟暗合於〈雷水解〉,面對可能山窮水盡的未來,〈雷水解〉:「解,險以動,動而免乎險,解。」、「有攸往夙吉,往有功也。」昭示行動就是柳暗花明的轉機。

「往得眾」:感謝建佐、趙導的協助,感謝產官學各界熱心朋友的幫忙。

「天地解而雷雨作,雷雨作而百果草木皆甲坼」:燎原野火下看似萬物盡去的山野,天地雷雨大作後草木百果種子爭相萌芽,再成一片生意盎然,希望本書是搧動春雷潤雨的那對蝴蝶翅膀。

113年7月6日　　鄭華陽
甲辰年六月一 小暑

目次

CH1　初入王船組　　　　　　　　　　　09

　　初入王船組・東港　　　　　　　　　11

　　再入王船組・小琉球　　　　　　　　18

　　捕魚、慢性疾病、死亡　　　　　　　22

　　中軍府攏有leh看　　　　　　　　　　30

CH2　小琉球迎王史略　　　　　　　　37

　　第一階段──東琉合併迎王（?-1925）　　42

　　第二階段──琉球迎王發展期（1931-1982）　　48

　　第三階段──琉球迎王成熟期（1985-）　　56

CH3　細說王船組　　　　　　　　　　75

　　東琉兩地木造漁船產業的興衰　　　76

　　東港與小琉球兩地王船組建立背景　　86

　　一、東港王船組建立背景　　　　　87

二、小琉球王船組建立背景　　　　　　　　　　　94

　　三、王船組組員的組成　　　　　　　　　　　　97

　　四、王船組造船師傅的生命經驗與文化意識　　109

CH4　王船建造流程　　　　　　　　　　　　　**121**

　　王船建造流程概說　　　　　　　　　　　　　122

　　王船建造使用工具　　　　　　　　　　　　　128

　　王船建造流程　　　　　　　　　　　　　　　132

附錄：2024甲辰正科王船組成員　　　　　　　**187**

　　琉球三隆宮甲辰正科王船組名冊　　　　　　　188

Ch. **1**

初入王船組

初入王船組

文／陳建佐

身為一半東港一半小琉球人，大概懂事之前就已經知道每三年會有一次大熱鬧，連續一個禮拜跟著神轎陣頭四處遊街，但等熱鬧之後回歸日常，腦中殘留的印象大概就只剩兩件事，一件是在東港這邊的熱鬧尾聲會有兩層樓高的王船出來遊街，另一件則是小琉球迎王時路邊可以隨便拿隨便吃，除此之外，對於祭典的由來、儀式細節乃至於「每次祭典結束前都拖到海邊燒掉的王船是怎麼出現的」一概不知，且這樣的狀態持續到我長大成人，好像固定週期舉辦慶典這件事情會理所當然地一輩子持續下去一般。

直到後來在小琉球工作了一段時間，認識鄭華陽老師，並在他的介紹下，為了我的碩士論文田調加入東港王船組，參與了甲辰科 東港王船建造（因東港王船會提前一年製作完成供信眾參拜，故2022年末便成為王船組其中一員），才開始慢慢了解這一切是如何運行的，也因為這樣的機緣，促成了這本書的誕生，若要為整件事找個切入點，必須從2022年開始說起……

初入王船組・東港

當初決定碩士論文做東港王船與地方經濟的關係時,早已是東港與小琉球王船組一員的華陽說,必須找個時間提早跟外號「決仔[2]」的蔡文化先生打個招呼,決師自1979年己未科第三艘木造王船時便開始參與,並在1991年辛未科因工作認真勤奮而受到組內眾人推薦,成為東港王船組組長。同一年在海的另一頭,因其師傅「讚伯」王天從師傅只願意掛名小琉球王船組組長,因此由決師開始主導小琉球王船組的工作進度(但直至2000年才正式接任組長),並在2009年擔任東港王船組執行長,並於近年來接任設計科科長一職,先後共參與建造16艘東港王船與14艘小琉球王船[3],是為東琉兩地王船組的負責人,管理所有關於王船的工作進度。

東港迎王時建造巨型王船與代天府(溫宗翰攝)

我們在東港王船「立艤[4](khiā-tshiám)」的前一天傍晚,和決師約在東琉線碼頭邊碰面。我們抵達沒多久,決師便騎著輛中古機車現身,滿頭白髮,身形並不高大,很難想像他是主導東琉兩地王船建造的重要人物,簡單寒暄幾句之後,華陽介紹我說:「這leh mā是小琉球人,想beh入王船組。」(這位也是小琉球人,想要加入王船組。

和所有小琉球長輩一樣，決師開口便是：

「住佗位？」（住哪裡？）

我說：「漁埪尾老池王遐。」（漁埪尾老池王那裡。）

決師：「姓啥？」（姓什麼？）

我：「陳。」（陳。）

華陽補充說道：「in爸仔進前是東光國小ê校長。」（他爸之前是東光國小的校長。）

決師：「漁埪尾姓陳仔出幾若个校長，guán白沙尾姓蔡仔出五個醫生。」（魚埪尾姓陳聚落出了好幾位校長，我們白沙尾姓蔡出五位醫生。）

原以為這只是老人家寒暄用時的習慣說詞，沒想到正式進到王船寮跟在決師旁當雜工時，他又重複了幾次身家調查，得出了我們家族內某個成員與他妹妹是夫妻，因此我們也勉強算是遙遠的姻親這樣的結論。此外，若是有人詢問我是誰，他也都很驕傲的表示：「這leh guán 琉球ê，校長ê囝，大學生neh mā來學，以早bô人beh學。」（這位是我們琉球的，校長的兒子，大學生呢，也來學，以前沒人要學。）

話雖如此，可我真的有學到什麼技術嗎？

王船寮內部實際上就跟工地一樣，椅馬[5]（í-bé）之間的木板架在接近一層樓高的位置，一群平均年齡六七十歲的師傅們混雜少數義務擔任雜工的鄉親提著工具零件來回走動，地上散落著木塊、木屑和鐵釘，對從小大到都拿筆的我

來說，不折不扣需要重新適應，然而，首先面臨的第一個挑戰並不是來自這樣粗獷的純臺語環境，而是：「我聽不懂臺語工具的專業術語！」

怎麼辦？明明很常不確定指示，師傅們卻又預設你早已熟悉這些事物，只好想辦法逼自己硬著頭皮迅速記下來，然後趁空擋自己思索推敲，例如電刨（tiān-khau）和電抿仔（tiān-bín-á）的差別在哪？角尺（kak-tshioh）和曲尺（khiok-tshioh）這兩個東西是一樣的嗎？怎麼一眼看出兩吋半和三吋長的釘子長度？墨斗（ba̍k-táu）又是什麼酷東西？（上述專業術語皆整理於「第四章：王船建造流程」。）

隨著待的時間拉長，雖大致能完成簡單指令，卻仍時不時仍會出差錯，王船寮裡工作進度緊湊，無論是師傅還是雜工，沒有人會停下來多做指導，這其實也是源自於這些木造漁船匠師的培育過程，這些匠師們小學畢業便由家人托熟識造船師傅的人前去詢問是否有意願收徒弟，基本上算是延續日治時期舟大工的師徒制，若師傅願意，徒弟便會跟在師傅身邊，師傅承攬建造案時共同參與製作，然而。當時的師傅並不會刻意教導，而是讓學徒在旁觀看自學，畢竟若是學徒學成，極有可能成為師傅的競爭對手，排擠到師傅原有的接案生意，「不教」也是種變相的自我保護，甚至衍生出「會ê十五六，袂ê五六十（會的十五六，不會的五六十）」的順口溜來形容這種狀態，意指若是能自學成功，十五六歲便能出師，若是腦袋不夠聰明，五六十歲也做不來，自然會被市場淘汰。

工作狀態的決師和平時和藕判若兩人，共計參與超過30次兩地王船建造的他，每個步驟細節刻在腦子裡，只要稍微耽誤到他的預計期程或進度，便會直接開口指責，為了不要那麼常被罵，只好皮繃緊一點，多想一些應對方式，例如他叫我拿釘子時不同尺寸的一次拿個三五支、記好每個工具上次被使用時大概放在王船寮哪處、決師偏好的機具是哪一臺……一整天下來，精神和體力耗盡是常態，更可怕的是，當我隔天一早7:40抵達王船寮時，決師已在寮內磨傢俬頭。

建造王船需要齊心合力

當時我心中的感想只有：這幾十年來的王船建造，確實有很大一部分是靠決師近乎苛求的自我要求和堅持撐起來的，怪不得他能成為東琉兩地王船組的主要負責人，而我就像是師傅們口中的年輕人一樣，三年建一次王船，是要學什麼？

　　1970年代木造漁船產業面臨石油危機、玻璃纖維船FRP的興起、林相變更等多重打擊，自此之後一蹶不振，許多產業內的新生代匠師轉為從事木作裝潢，留在業界內的師傅也改以修理船隻為主，而東港迎王由原先的紙糊王船改為木作王船，反而順勢保留了木造漁船的設計與施作工法。據說製作第一艘木造王船時，東港造船師傅前往臺南[6]詢問製作方式後，對方或許是不願外傳，因此回應道：「lín王爺廟內底tō兩隻百外年ê，敢有需要問阮？（你們王爺廟裡面就兩艘一百多年的船了，有需要問我們嗎？）」，造船師傅們只好回來東港東隆宮參考廟中供奉超過百年的小型王船，並嘗試用日式匠師傳承的手藝盡量模仿古式帆船建造。

　　因此，現在的王船樣式是由這群木造船師傅以平時建造漁船的方式，模仿古船模型加入大小不一的改動（如船尾的翅仔尾、船艙翹起的大刀頭等），逐步改良成現今的尺寸與模樣（小琉球的王船亦同，差別只在於尺寸大小），也因此被學界稱為「漁王船」。

　　因為東港與小琉球（以及2009年開始委託東琉兩地造船師傅製作王船的南州）的王船源自於這些木造漁船師傅，在產業崩解結束後並無新血加入，目前最年輕的師傅也已六十初歲，對老師傅們來說，這項技術就像是屠龍術，除了三年建造一次王船以外的功用，年輕人學了根本辦法養活自己，就算是某些

廟宇需要訂製永祀王船，那也是可遇不可求，對生活一點保障也沒有，因此就算有年輕人對此有興趣，老師傅們也不願意傳承技術，不能賺錢學了有什麼用處？幾乎每個老師傅都是這樣認為的。

可是，既然當初他們能夠參考東隆宮裡的小王船來進行修改、等比例放大刺版[7]（tshiá-pán-á），便已經是踏入藝術創作的領域了，為什麼老師傅們卻無法意識到自己每科建造的王船是一種藝術作品，而不是單純的「接案做工」？

2023年造完甲辰科東港王船後，臺中大甲鎮瀾宮前往東隆宮拜訪，委託決師等人為其製作建醮所用之王船，隔年三月小琉球王船開始施作，同一時期，位於東港的王船文化館內部也緊鑼密鼓建造尺寸和東港王船差不多的另一艘王船，彷彿政府和外縣市宮廟皆開始意識到需要正視這項技藝，並嘗試保留師傅們產出的成品，然而，這卻又牽涉到另一個問題：「製造出王船的這項技藝明顯是現代工藝轉化而來，若要細究也僅約六十年左右的歷史，這樣的技術真的需要保存嗎？」

東港迎王牽王船出廠遶境（溫宗翰）

註1　東港、小琉球與南州三地每逢生肖年牛年（丑）、龍年（辰）、羊年（未）、狗年（戌）便會舉辦迎王祭典，因每三年舉辦一次，故稱「三年一科」。

註2　王船匠師之間彼此習慣以綽號稱之，然非匠師群體的人則多在其綽號後加上「師」或「司」，以表敬重。

註3　此數量計算時間點為2024年小琉球王船建造完成後。

註4　所有王船組成員皆必須出席，且需穿著東港王船組或小琉球王船組發放的上衣，待時辰到時一聲令下，將前後兩片舟參推動撐起，使之與船身結合後釘上鋼釘，此項儀式完成之後全體王船組成員便會共同對中軍府和王船朝拜，朝拜完成後，隔日即開始建造王船，組員也必須依自己的職位來完成相應天數的參與。

註5　梯形體的木製樓梯，頂層架上木板連通椅馬之間，為傳統木造船工地器物，周圍並無其他安全防護措施。

註6　根據東港木造船師傅黃貴燈先生的說法是到臺南七股去詢問當地師傅；文史工作者陳進成先生的說法是到臺南西港，而西港在地的師傅則源自於澎湖與高雄茄萣。

註7　指製作木造船的模板，用來量制零件，現東港東隆宮王船寮和小琉球王船閣裡的版型多是幾十年前所製作而成，此技術已幾近失傳，蔡文化先生雖仍會製作，但自認是模仿更早之前的師傅們自行摸索而來，並非專業。

再入王船組・小琉球

疑問尚未完全解決，便開始忙著寫我的碩士論文，並試著往地方經濟的方向延伸，一直到2024年初畢業之後，才又在鄭華陽老師的牽線下，回小琉球參與甲辰科王船建造。

雖同樣分成內場和外場，內場放置船身，外場則是木料、重機具和零件製作，和東港王船寮不同的地方是，小琉球王船閣後方側雖有一片鐵皮遮蔭的空地，但屬於農會進出貨時停放小發財車之處，因此即便農會願意出借場地，外場師傅仍皆在一旁兩棵榕樹下作業，聽決師說那兩顆榕樹幾十年前就在了，經過廁所，金爐後方的貨櫃與搭棚則擺放機具和木料。

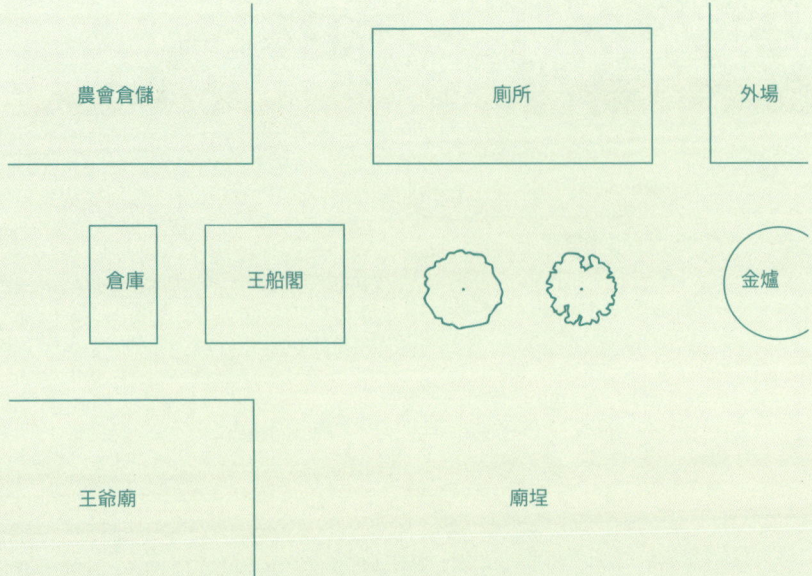

小琉球王船閣平面示意圖

除了配置不同,最先注意到的兩地差異是「昆蟲」。

新曆4/6(農曆2/28)小琉球立舟參一早,眾人將擺放在貨櫃屋裡近三年的長短木料搬出置於空地,沒想到底層好幾片樟木和松梧[8](siông-ngôo)被白蟻啃蝕大片,只得暫時扔到一旁土坡上的菜園入口處,用殺蟲劑去噴,損害較小的木料用瓦斯噴槍烘烤表面,將白蟻們燻死,至於貨櫃門邊被掏空的地板則交給王哥[9]的弟弟王全瑞師傅將爛掉的木板撬掉,並交由蔡益居師傅重新油漆貨櫃內部。

對應不會對木頭造成危害的昆蟲就簡單許多,榕樹下時不時漫出的紅螞蟻稀鬆平常,中午吃便當蒼蠅成群飛舞,師傅們倒也不當一回事,頂多使勁揮手撥開,而圍繞在木料周圍的土蜂數量亦多,師傅們甚至無視牠們的存在,任憑牠們尋找釘孔或縫隙鑽進鑽出。

另一件差異是,相較於類似集散地廣含各地師傅的東港,小琉球雖有幾位東港師傅會前來幫忙(2024年因建造時間與王船文化館內的王船標案工期重疊,會變相延誤小琉球的施作進度,決師拜託多位東港師傅前來幫忙,故人數比往年增加一些),但主要仍是小琉球出生的在地師傅義務建造,且按照以往負責項目(如桅杆、甲板等)分成13組,即便許多師傅已搬離琉球,住在東港、鹽埔、烏龍等地,仍會撥空回鄉幫忙。

分組歸分組,一些住在小琉球的師傅幾乎每天仍會來王船閣幫忙,例如「妖道」高明道師傅和蔡益居師傅便是如此,固定每天確認便當數量的妖道師身

材早已走樣，整天踩著夾腳拖在船廠內外走來走去，主要負責的事項繁雜，船身孔洞補土、油漆、上膠、採買各種零件必需品（包含維士比）……以及找地方坐著和每個人聊天。

妖道師大概是這群老師傅中最好聊的一位，詢問問題也有應必答，只不過回應時常不太正經，像是湊熱鬧的鄉親見我跟在妖道師身邊，問說是不是在牽司仔（khan sai-á），他回道：「兩光（lióng-kong）師。」然後自己笑了出來；新曆4/13東港王船文化館內的王船開斧，他說是「破土[11]」；聽聞我在建造期間因去面試其他工作而連續幾天沒出現時，故作嚴肅的說「王船猶未造好，是beh tshuē啥頭路？（王船還沒造好，是要找什麼工作？）」。眾人也喜歡故意開他玩笑，看他急忙爭辯的樣子，蔡益居師傅便是其中之一。

益居師如果沒出海釣魚，也幾乎和決師、妖道師一樣每天現身，大型機具（帶鋸機、刨木機）由他負責整備，「排仔（pâi-á）」魏春隆師傅和「鳥鼠仔（niáu-tshí-á）」蔡瑞發師傅相繼去世後，王船附帶的零件如砲臺、桅杆上的聽風旗[12]等便順勢由益居師接手，為方便作業，益居師特地將自己的木工鋸臺用小發財運來，擺在三隆宮的大金爐旁。

和在東港時不同，決師年輕時的搭擋「益仔」陳明益幾乎全待在小琉球王船閣的外場，工作起來也多和妖道師、益居師等人閒話家常，不像決師施作時強調的「精準明確」，益師多「差不多就好」，這也是內外場工作氣氛全然相反的原因之一，正如時常待在外場的師傅說的，只要某某師傅被決師叫進去負責或幫忙哪個部分，其他師傅就會開玩笑的說「某某人猶閣入去受苦啊！（某某人

小琉球迎王牽船遶境（李永倫攝）

又進去受苦了啊！）」，然後繼續談天說地。

　　師傅們聊天的內容五花八門，大多是鄉里之間的八卦閒聊，但說來說去，話題大抵不脫三件事：捕魚、慢性疾病以及死亡。

註8　　即臺灣檜木，日本檜木則會稱爲ヒノキ（hinoki）。

註9　　本名王全清，小琉球王船組副組長，名下有十多艘漁船，許多師傅會尊稱其爲「王董」，年輕時也是小琉球迎王期間大千歲的乩身。

註10　指帶著學徒施作，讓學徒能從中學習。

註11　多指陰宅、墓穴的開工。

註12　桅杆頂端用來確認風向的小旗子，據魏春林師傅所述，舊式帆船的聽風旗頂端另有三支尺寸依序縮小的旗子，可以確認更微弱的氣流走向，但他在製作王船船帆時，將其簡化成三顆紅球替代。。

捕魚、慢性疾病、死亡

東港與小琉球兩地居民依海而居，從岸邊釣魚、潛水刺魚、撐竹筏在沿岸捕魚等沿岸漁業……乃至1970年代開始發展的遠洋鮪釣漁業，捕魚是兩地日常生活中習以爲常之事，師傅們孩提時期的1950、60年代雖開始學習造船，但並非全年皆有案件能接，如果沒有造船工作，便會搭人厝[13]（tah-lâng-tshù）或自己弄艘竹筏小船，有時是跟著家人出海，有時是上朋友的船捕魚，在近海釣皮刀仔[14]（phuê-to-á）、鬼頭刀或hōo-lê-á[15]，當時受各項技術限制，漁船也不牢靠，只有四到九月這五個月的期間出海捕魚能有所收穫，九月到三月之間無法出航的時候，便安排造船或修理船隻的工作，也因此師傅們大多同時擁有漁民的身分，聊天內容也多跟這件事有關，哪裡的魚變多變少、上次釣到一隻多大尾的、要在哪個位置釣才會有好的魚、誰前陣子出海、誰的漁船要賣掉了、誰的漁船貸款還不完來借錢……

但說來說去，師傅們總又會牽扯到「老了」這件事。

「老」似乎無所不入，從彎腰或起身時扶著膝蓋時說自己現在在做「老人工」，或是中午吃便當時分享自己每天要吃多少顆高血壓、糖尿病的藥，哪一家醫院開的藥比較少比較好之後要去那裡看，甚至對照起東港、鹽埔、小琉球哪裡的老人年金領最多，畢竟對平均年齡七十歲上下的老師傅們來說，「轉去ê轉去，老ê老，這馬賭目睭看beh清ê leh做。（過世的過世，老了的老了，現在剩眼睛看不清楚的人在做事。）」已是常態中的常態，而人一老，自然而然便會想到死亡。

初入王船組 | 第一章 | 23

小琉球牽王船遶境（李永倫攝）

　　新曆3/29那天接近中午，決師手邊的工作做到一半忽然想起什麼似的，詢問恰好經過的盆師說某某婦女怎麼沒有出現？前幾科她都會在廟埕這裡看頭看尾，盆師說：「早tiȯh過往啊！（早就過世了！）」，然後補充說了另一對夫妻的事，他說那個婦女沒什麼生病，某天莫名其妙就死了，她先生被診斷出癌症，醫生說活不過一個月，結果開完刀活到現在已經好幾年了，決師聽完愣了一下，只是淡淡的回了句：「這tiȯh是人生啊。（這就是人生啊。）」

王船進水前點睛儀式（陳伯儀攝）

　　這樣混雜著無力感與悵然若失的心境，近幾科也頻繁的發生在王船組組員之間，根據王船組的入組規定，必須在該科王船建造期間參與建造至少三日，也因此過世之人或因故未能參加並不會被列入王船組名單中，對組成日漸高齡的組內來說，能參與的人手必然一科比一科還少，可這些早已被王船組剔除的名字卻又三不五時出現在留下來的師傅們口中，彷彿他們也在現場一般，其中最常出現的名字，便是「鳥鼠仔」蔡瑞發師傅和「排仔」魏春隆師傅。

　　聽說鳥鼠師上一科前往東港參與王船建造時，身體狀況便幾乎無法負擔粗重工作，因為生病的關係全身瘦骨嶙峋，怕發生危險，其他師傅都叫他坐在一旁看就好，連決師也說「你bông做啊啦！你tâng遐坐tóh好啊啦！（你別做了啦！你在那邊坐就好了啦！）」，可鳥鼠師反而覺得受辱，或許多少也包含著對自己身體狀況的憤怒，說著「啊！沒路用啦！啊人nà破病hōo看bô起啦！

（啊！沒有用了啦！啊人如果生病就被看不起啦！）」反唇相譏，決師怕拖慢整體建造進度，兩個人大吵了一架，最後鳥鼠師落下一句「我bô愛做了啦！（我不要做了啦！）」後離開王船寮，沒想到他便再也沒有機會回到東港跟小琉球的王船施作現場。

隔年（2024）建造小琉球王船時，決師忽然提及鳥鼠師的兒子有來找過他，問說他爸的那些東西有沒有要？決師說他當下不確定對方說的「東西」是什麼，便直接回絕了，後來才想到可能是指鳥鼠師留下來的那些工具。

「鳥鼠仔ê傢俬頭仔有夠濟有夠tsiâu！（老鼠仔的工具有夠多有夠齊全！）」幾天之後的下午，盁居師在外場這麼說道，外場機具主要是他和鳥鼠師、排師三人負責，以前排師甚至會在立舟參那天在線鋸機側邊貼上「開工大吉」的紅春聯，但現在只剩下盁居師一人了。

王船與漁業密不可分（劉懷仁攝）

「思埔遐有兩貨櫃攏是，in má進前mā leh講這leh gín仔物件有夠濟。（思埔那裡有兩貨櫃裡面都是，他阿嬤之前也在說這個孩子東西有夠多。）」妖道師回道，也不知道他口中的之前是多之前。

「伊物件tsiok濟。（他東西很多。）」益師也跟著附和。

他們接著商議要怎麼聯絡請決師聯絡鳥鼠師的兒子，看王船組現在缺哪些工具盤點一下，把他們家沒有用到的寄付[16]（kià-hù）給王船組，他們在討論這件事情時全然沒有什麼悲傷之情，甚至有點太過理性，他們與鳥鼠師再怎麼沒感情，畢竟也認識了幾十年了，這是不是代表「死亡」這件事情早就已經稀鬆平常，沒什麼好特別留意的？

而當眾師傅談到另一個同樣已過世的「排仔」魏春隆師傅時，表現出來的更是與悲傷全然相反的情緒。

若負責場內的決師是嚴肅認真、兢兢業業的代表，那場外的頭頭排師便是全然相反的存在，煙與檳榔不離口，每天到工第一件事便是開個幾瓶阿比仔[17]分大家喝，滿嘴亦真亦假的言論是排師的特色，排師就曾對華陽說過：「較早學師ê時，師傅教講刀磨完了後愛對跤kā刮一下，ē-tàng kā毛剃予光光才算標準。（以前當學徒跟著師傅的時候，師傅教說磨完刀後要刮一下腳，能把毛剃光才算符合標準。）」接著比著自己的腿脛說：「tō是因為按呢我腳現在攏bô

安奉於王船上的王船大爺（陳伯儀攝）

毛。（就是因為這樣我腳現在都沒有毛。）」也不知道哪部分是真的，哪部分又是他覺得有趣而虛構的。

此外，排師腦中也記得一堆包含製作技術的口訣，像「m̄ bat字，phah叉仔tō是。（不識字，打叉叉就是。）」是指在木料上用墨斗畫線的過程中可能會畫錯或是不夠精準，需重複測量多次確認切割線，最後，會在確定的那條線上打個叉，表示這條才是正確的切割線。又例如「杉不離竹，英臺不離山伯」是指早期造船若是使用杉木，那便需要用竹釘來固定，因竹子遇水後會膨脹，

註13　指跟別人搭班。

註14　指金眼鯛科或擬金眼鯛科的魚類，其中又稱為紅皮刀的紅金眼鯛是價格偏高的魚種。

註15　雨傘旗魚，或稱芭蕉旗魚。

註16　為日語「きふ」與臺語結合後轉化而來，即捐贈、奉獻。

註17　指威士比。

能更牢固的楣接船體，因此杉木和竹釘的關係，就像是祝英臺和梁山伯之間難分難捨的愛情。

也因為他風趣幽默的個性，即使已離世多年，眾人還是會時不時提起他，像是某天中午大家分配便當時，有個寫著「排」字的便當紙盒遲遲沒有人領，於是開始有師傅起哄說「這排仔ê便當啦。」，但馬上遭到其他師傅反駁「排仔攏轉去偌久啊，閣leh排仔！（排仔都過世多久了啊，還在排仔！）」，所有人笑成一團，彷彿這位師傅也跟大家一起在現場一般，順著這個話題，眾人自然而然開始分享排師的故事：

益師提到小時候他和排仔一起跟排師的父親竹雞仔（tiok-ke-á）學師時，有次幾個學徒要從岸邊的kō-káu[18]上將船推入海，當其他學徒死命推動時，排仔也不幫忙，手裡提著瓶威士比蹲在一旁，說著「lim落tō有力啊啦！（喝下去就有力氣了啦！）」一口一口餵給其他學徒喝，等到船終於推入水，所有人都喝醉了沒辦法繼續工作。

「阿輝」陳金餌（益師的弟弟，改名前名叫陳明輝）說王船大家都做早上8點的，排仔都做10點的，就他早上爬不起來，後來王爺廟的四駕[19]壓著排仔到廟前五營旗杆那裡磕頭，又壓回中軍府跪，阿輝見狀問說是怎麼回事，排師跟他揮了揮手，只說「tsiok見笑，莫閣問啊！（很丟臉，不要再問了！）」。

使用萬力建造王船

註18　架在船下的滾木,讓船能滾動下海。早期木造漁船形體較小,師傅會將船隻扛起放上滾木,滾木延伸到岸邊,接續翹板斜插入海中,船隻頂端會綁著一條piànn-soh(專門綁船錨的粗繩)拉住船,等漲潮時再解開繩索讓船隻下水。

註19　也叫「四輦」,由四人扛的輕便小轎。

中軍府攏有leh看

　　當「老、病、死」成為生活的一部分，不確定信仰在價值觀中佔的比重是否會在不知不覺中悄悄提升，還是數十年來信仰早已融在這些師傅們的基因之中，對王爺——尤其是負責管理王船的中軍府更是崇敬有加，「中軍府攏有leh看。（中軍府都有在看。）」師傅們都是這樣說的。

　　王船立䑌那天中午，決師照琉球這邊特別的往例準備紅包，發送給每一位王船組的成員，若有人未到場，他也會托人轉交或之後補發，確保每個人都有。除了這份紅包外，決師也會確認每人都有領到之後王船「開光進水」時的發粿，有一說發粿是「魚肉」，因多數組員同時具漁民身份，眾人都能領到那塊象徵滿儎盈歸、「人人有肉吃」的發粿是頭等大事。

　　沒想到幾天之後的下午，「小粒頭仔」（偶爾會被簡稱為「小粒仔」）蔡家勝師傅被其姐夫載來王船寮說要退回紅包，他姐夫說小粒頭仔有失智的徵兆，沒辦法入組幫忙，因此不好意思拿王爺公的紅包，決師嚴正拒絕，說「無要緊，tsah ê，這是王爺予你保平安ê，有閒來遮坐坐，kā中軍府拜拜tō好。（沒關係，帶著，這是王爺給你保平安的，有空來這裡坐坐，跟中軍府拜拜就好。）」。

　　大家剛好都在，於是他姐夫帶著眼神迷茫渙散的小粒頭仔在外場與眾師傅們打招呼，眾人看他這個樣子雖幫不上忙，卻也勸他別退出王船組，每天來這裡坐著聽大家聊天，也比自己一個悶在家喝酒好，因此之後的每一天，他姐

夫都會載小粒頭仔來廟前放著，像托嬰中心那樣，由其他師傅幫忙照看。

正好老痺師在削整王船的桅杆，需要有人坐在桅上固定，老痺師便開始下達指令，叫他坐就坐，叫他站就站，接連幾天下來，小粒頭仔的眼中竟逐漸有神，從原本的混混沌沌轉為知悉每項工作步驟，也能和其他人有說有笑，甚至在新曆4/24至4/26那幾日的大雨期間和決師在內場趕工進度，一點也看不出來他先前有失智的傾象。

也因此師傅們（尤其是妖道師）都說小粒頭仔的事是中軍府有在相助，救回來幫忙做王船，甚至連小粒頭仔師傅知道我錄取臺南的新創公司職位後，第一句話也是「等leh去中軍府遐拜拜，拜了王爺會鬥參全。（等一下去中軍府那裡拜拜，拜完王爺會幫忙。）」。

如果這種個人健康的事情，王爺有辦法幫忙，那整個王船組的存續，應該也會有能力吧？

去年在東港做論文時的問題至今仍然懸而未決，那時某位年紀較輕的東港王船師傅跟我說：「東港嗅不到這個危機感，大家都想說『啊不然就糊紙的就好了，到時候神明就去找人了。』，要去哪裡找？怎麼找？看在眼裡吼，也只好眼前的事情眼前解決，大家盡量可以完成王船，但是下一科⋯⋯我也很不敢想像到時候的情景。」。

因日治時期以降東港與小琉球兩地木造漁船產業興盛，因而培養出一群擁有專業技藝的匠師，這些匠師在工作之餘，也於1970年代開始幫忙建造木造王船，並融入平時建造漁船的技術，使之成為一種全新的「宗教工藝品」。

然而，因王船須在迎王祭典後「遊天河」[20]，因此每三年便須重新建造一艘儀式用的王船，好景不常，隨著木造漁船產業的沒落，匠師之間的人才培育和技術開始出現斷層，因此好幾十年來皆是同樣一群人來為王爺建造王船。

可對這群師傅來說，雖然平常或多會少會擺出師傅扮[21]（sai-hū-pān），但建造王船這件事情單純只是「做工」，就像平常在船廠接案一樣，他們並沒有意識到這是一件藝術品，且終究會燒化掉，不是什麼需要特別留心維護保存的東西，況且教給年輕人也沒有用處，畢竟年輕人無法靠這項技藝養家活口，雖然對其他人來說或許並不是如此，但師傅手上握有技術，教與不教、或是如何教的選擇權握在他們手上，久而久之，隨著王船組員逐漸衰老凋零，從一百六七十位健壯小伙子到至今有氣力參與的頂多二三十位老人家，談及如何延續王船建造，只剩下幾個方向可以討論：

一、

將這些師傅們所做的成品保留，東港東隆宮王船寮對面的王船展示館（屬於廟方），以及現正（2024）趕工中的屏東縣王船文化館，便是在做這件事，但這並沒有完全解決憂患，當現存的組員離開後，迎王使用的王船該從何而來？且因文化館王船工期與小琉球王船工期有所重疊，使得部分小琉球師傅有所不滿，認為仍要以無支付薪資的王爺為先，而不是為了做文化館的標案而放下王爺不顧，組內因此產生些許嫌隙，這又該如何化解？

牽船走遍港區（陳伯儀攝）

二、

即便已將幾位匠師列入文化資產技術保存者[22]，仍然是後繼無人，因此開始有相關學者希望透過學術研究、文字記錄、影音影像記錄等方式留存相關資料，試圖以上述形式將終究無法回復往昔盛況的事情留存相關資料，當然，這也和第一點的問題一樣，紀錄之後，就有辦法造出下一科王船嗎？

三、

也因此出現了恢復早期紙糊的說法，或是往信仰的面向延伸為「到時候神明就去找人了」，神明眞的會有辦法嗎？這也是無法確定之事。

即便已經隱隱知道後續會如何演變，以我們（鄭華陽老師、趙子毅導演）所長和能力所及可做到的，也只有以文字、影像為主要媒介，試圖抓住一點王船組殘存至今尚不為外人知的面向，是故，本書將會提及小琉球迎王的相關歷史、王船組的建立脈絡與組員、以及小琉球王船建造過程，並搭配每項工法的相關影片，讓更多對此有想法的讀者一同參與其中。

Mā希望中軍府眞正有leh看（也希望中軍府眞的有在看）。

註20　指點火燒化，若是於岸邊或河口將王船推送出海，則稱為「遊地河」。

註21　形容專業師傅的架勢，含有些許自豪以及不容質疑的氣勢與意味在。

註22　蔡文化與東港船帆組組長蔡財安皆為東縣文化資產保存技術及保存者，另有洪全瑞先生為文化部文化資產局列冊「木船製作修復技術」文化資產保存者。

你所不知道的王船小百科
遶境篇

　　眾人印象中的王船在四角頭遶境後隔天上午七點出發遶境，而對王船組來說王船遶境則起於迎白沙角當天清晨四點，王船組必須趕在遶境隊伍抵達前將王船遷出。

　　清晨四點有空的組員到王船寮協助遷船工作，船錨升起後收帆準備卸桅，大總理率科巡執事祭祀後開水路將王船遷至三隆宮廣場，置定後下錨、升帆，祭典組協助將香案移到船前方便民眾朝禮。

　　遶境經四角頭土地公廟、碧雲寺及南潭福安宮都會暫泊約30分鐘，供各角頭民眾參禮添載，遶境時千歲轎班拏著小艇走在王船前供民眾添載，添載滿後再轉回王船入艙，這來回的過程就像長年停在海面作業的漁船靠著補給船運載人員、貨物和補給物資，所以又被戲稱為「轉載」。

圖說 / 王船遷船至三隆宮廣場

你所不知道的王船小百科
遶境篇

　　除了暫泊祀角頭土地公廟外，還會繞行白沙觀光港和大寮漁港，許多船長會趁此時打開船艙並在船上備香案與三牲，祈求王船大爺賜福漁獲滿載，待王船過後閉艙收好王船大爺賜下的滿艙漁獲並燒金感謝，有心的船長還會在船邊設下飲食，通常組長會示意大家稍停享用，藉此讓王船暫泊在船邊的船長則趕緊持香祝禱，漁船和王船的互動是琉球獨有的遶船特色。

　　遶境回三隆宮安座，用過晚餐後王船組入府祀王，組長、組員間都會提醒彼此稍加梳洗後再入府，祀王後便先各自回家休息，組長和部分幹部則開始著手王船添載，在東港王船添載全由祭典組負責，琉球則是王船組協助祭典組，組長會登上王船分艙逐類放置添載物，添載完成後交由道士進行關祝五雷神燈等科儀，待啟程送王時才再由王船組接手相關事宜。

圖說／漁船船長開艙祈求王船大爺賜福

圖說／船主設飲食招待隨行人員，王船暫泊

圖說／王船組長及幹部協助處理添載事宜

Ch.
2

小琉球迎王史略

鄭華陽、陳建佐

小琉球迎王史略

文／鄭華陽、陳建佐

　　臺灣的王爺信仰與王船文化時常同時出現，自清治時期便已出現關於王爺與王船的相關記載；諸羅縣知縣周鍾瑄負責主修的《諸羅縣誌》中便提及王爺信仰的祭典與祭典結束後：

> 斂金造船，器用幣帛服食悉備；召巫設壇，名曰王醮。三歲一舉，以送瘟王。醮畢，盛席演戲，執事儼恪跽進酒食；既畢，乃送船入水，順流揚帆以去。或泊其岸，則其鄉多厲，必更禳之。[1]

　　若更進一步深究二者關係，需先有王船信仰大多包含在王爺信仰之中的認知，許多祭祀王爺的廟宇也都有和王船相關的祭祀或科儀，信仰本身的淵源流變雖非本書所欲探討之重點，但仍約略自戰後初期整理如下：

　　劉枝萬提出王爺信仰的「瘟神演化六階段說」[2]，從最初死於瘟疫的厲鬼，演變到最後成為十全萬能的神明；蔡相煇承連橫之說，認為池、朱、李三府千歲分別是鄭氏父子三人，而其他姓氏的王爺則是新衍生出來的神祇[3]；黃文博則整理出幾種王爺信仰系統[4]概括臺灣現行的王爺信仰緣起。

　　其中針對臺灣南部的東港溪流域（包含東港、南州、小琉球三地），康豹於《臺灣的王爺信仰》[5]親身考察東港地區歷史，紀錄荷蘭時期以來的族群遷移、東隆宮建廟沿革、火醮與水醮和迎王平安祭典過程，並認為王爺不等同於

瘟神，且是由厲鬼轉變而來，後成為一個地方的守護神。其中關於王船建造的部分，略為提及造船師傅都是義務性質，如果1988年戊辰科東隆宮必須支付師傅薪水，大概得花七百多萬元。

李豐楙受屏東縣政府委託所做《東港迎王——東港東隆宮丁丑正科平安祭典》[6]詳細記錄1997年丁丑科迎王祭典流程始末，其導論從「嚴肅」對照「遊戲」、「工作」對照「休閒」、「常」與「非常」的角度來解釋迎王期間的各種感官經驗，透過中國傳統儒教的延續來對應西方如特納（Victor Turner）等人關於節慶的理論，文中並提到由於「年壯及年輕的多要上船上工，茫茫的大海使他們長期孤絕於世俗。因此討海人的生活與心情，就借由三年一次的節俗休閒，反覆地返回遊行、拼陣的賽社氣氛中，定期地扮演同一角色。『返回另一個我！』，如此進出於另一個角色的扮演，就成為在地人所特有的雙重身分與性格，它已是一種期待與習慣、定期等待另一種生命舞臺的創造與營構」，而王船組造船師傅在慶典中是遷船、送王時的主要工作者。

書中的〈王船建造篇〉則從船與法船的淵源開始解說，稱「臺海各地王船信仰中所造的『王船』不論其使用的材質如何，在造型樣式上幾乎都沿襲傳統的泉州式海船而來」且「東港地區有不少具有優異傳統造船工藝的匠師」，因此足以支撐起尺寸逐科增大的王船建造，也有詳細記錄紙糊王船的製作方式與木造王船的製作過程，可作為爬梳王船組演變歷史的對照。

王俊凱〈屏東地區迎王祭典之研究—以下淡水溪和隘寮溪流域為主〉[7]爬梳整理臺灣各地迎王祭典形式與差異，亦歸類出12種臺灣船信仰的型態，後半聚焦在屏北與屏南兩大地區，其中關於東港、小琉球與溪州（南州）三地迎王祭典的部分提及東港和小琉球王船有明顯的「漁王船」特色，除彩繪多以各式水族為主以外，也追求能夠真正於海上航行，而溪洲代天府於2009年己丑科開始將王船製作委託給東港的師傅製作，因此形式漸演變與東港相同。

　　包含在東港溪流域的小琉球自日治時期脫離東港自辦迎王祭典，鄭華陽《字繪琉嶼：琉球信仰側記》[8]分析文獻記載和對照耆老口述小琉球脫離東港獨立迎王的緣起。此外，書中對於小琉球獨立建造王船始末，亦和一般所認為單純因「混元法舟」來靠琉球而改制的說法有所出入，鄭華陽認為應是小琉球脫離參與東港迎王後前往臺南南鯤鯓進香，需得到一正當名義以便改制舉辦迎王，並以社會經濟上結構性的轉變導致形塑整體意識來討論，是水、電、公路的建設為小琉球人口成長與社會發展帶來助益，「社區意識」的萌發與新的身份認同使小琉球迎王走向屬於自己的路線。

　　東琉兩地因王爺信仰、漁業經濟發展和地緣關係而往來密切，雖已各自獨立舉辦迎王祭典近百年，彼此之間仍極為緊密，以2024年甲辰科小琉球迎王為例，其中軍令和王船上所需的十三班首等塑像便是於東港製作完成後再送至琉球開光安座。而相較於東港迎王，關於小琉球迎王之相關書籍資料相對稀少，以王船師傅作為研究對象者更加闕如，故本書願為拋磚引玉之作，先自東琉兩地迎王祭典之相關歷史中提取重點，並將小琉球迎王分為「東琉合併迎王」、「琉球迎王發展期」與「琉球迎王成熟期」三期分別描述之。

一步一腳印，眷顧這片土地（陳伯儀攝）

註1　周鍾瑄主修，陳夢林編纂，周憲文編輯，《諸羅縣志》，臺灣文獻叢刊第一四一種（臺北：臺灣銀行經濟研究室，1962；1717年原刊），頁150。

註2　劉枝萬，〈臺灣之瘟神信仰〉，《臺灣民間信仰論集》（臺北：聯經出版，1983），頁225-234。

註3　蔡相煇，《臺灣的王爺與媽祖》（臺北：臺原出版社，1989），頁31-41。

註4　包括戲神、家神、英靈、鄭王以及瘟神，瘟神又可細分為暗訪王爺系、十二瘟王系和五瘟使者系，可參考黃文博，〈臺灣的王爺信仰〉，《臺灣廟宇文化大系肆-五府王爺卷》（臺北：自立晚報社，1994），頁6-29。

註5　康豹，《臺灣的王爺信仰》（臺北：商鼎文化，1997）。

註6　李豐楙，《東港迎王——東港東隆宮丁丑正科平安祭典》（臺北：臺灣學生書局，1998）。

註7　王俊凱，〈屏東地區迎王祭典之研究—以下淡水溪和隘寮溪流域為主〉（臺北：臺北大學民俗藝術研究所碩士論文，2009）。

註8　鄭華陽，《字繪琉嶼：琉球信仰側記》（屏東：屏東縣琉球國中，2018）。

第一階段：東琉合併迎王（？-1925）

在談論小琉球迎王之前，須先自東港迎王開始說起。

東港開發可上溯自康熙年間（1661-1722），彼時派任至東港「下淡水巡檢司署」的官員，十任官員中除第四任告老、第十任因病去職，其餘八任均「卒於官」[9]，因此學界研究東港迎王皆指其含有「驅逐災疫、祈禳平安」之意。

早先東港迎王由下頭角、頂頭角、下中街、崙仔頂、頂中街、安海街與隔海的琉球角等組成，是為今東港七角頭的原形，然而一海之隔的琉球為何會被歸為七角頭之一，其由來眾說紛紜。

東港東隆宮公告其建廟沿革並未提及相關資訊，而學界對其成因也缺乏相關研究，目前多採蔡坤峰〈小琉球大令迎王記〉所載：「在清咸豐[10]年間，東港興建東隆宮，曾流傳溫府千歲化身老者前往福州購買杉木……其中兩支『溫記』杉木卻漂流至小琉球沿岸沙灘上，被小琉球當地漁民拾獲……經兩地人士洽商……並約定三年一科迎王遶境平安祭典，三隆宮三府千歲成為小琉球一角頭，列入東港迎王七角頭之一，共同參與東隆宮迎王祭典。[11]」之說

關於琉球參與東港迎王現存唯一提及的史料是三隆宮舊廟誌，1948年舊三隆宮重建廟誌載：

「俟至民國乙丑年,鄰郡東港風聞及此,乃親趨廟迎之,為醫求治,無不一事百成……因之,郡民東迎西逗,忘於歸趙,而已則建立東隆宮,璧合琉球共尊合奉,而迎回琉島,以三年而事一省視。……」

彼時三隆宮重建委員蔡貴先生[12]、副主任委員陳天才先生、總幹事王海先生[13]、書記黃生寬先生[14]等主事者多生於清、日之交間,應皆有琉球仍為東港七角頭之一參與迎王的經驗,上述內容或趨近史實但內容仍多有疑義:

一、「乃建東隆宮…共尊合奉…」一段與現知實情出入,現址東隆宮最遲建立於1894年之前,而溫府千歲在東港地區的信仰則可上溯至康熙年間(1661-1722),所以「乃建東隆宮…共尊合奉…」與現存紀錄有出入。

二、「民國乙丑年」恰是琉球退出東港迎王之年,既然自1925年(民國十四年)起不再參與東港迎王,如何能「親趨廟迎之…以三年而事一省視。」

小琉球牽船遶境延續到深夜,走遍大街小巷(李永倫攝)

為何曾身歷其實的前人在廟誌上留下這些明顯的疑義？

據傳琉球自東港獨立迎王後，兩地曾互換王爺，琉球贈與東港東隆宮三府千歲（池王造型），東港贈與小琉球三隆宮溫府千歲，因此「則建立東隆宮，璧合琉球共尊合奉」應是闡明兩宮互贈神尊一事。

「而迎回琉島，以三年而事一省視」這句應是說兩宮互贈神尊後，琉球開始舉辦遶境式迎王的理由。故對此段記載筆者傾向將之解讀為：「三府千歲的威名遠播因而吸引許多外地人前來求助，因此有機會參與東港迎王，到乙丑年（1925）東隆宮、三隆宮互贈神尊後琉球開始獨立迎王。」

關於琉球脫離東港獨立迎王的因素，目前主要有「寄付金說」、「風浪說」、「衝突說」等觀點，其中「衝突說」被視為主要成因，陳志榮〈屏東東港鎮東隆宮與其信仰圈內庄頭廟及角頭廟的互動關係〉：「琉球島民之所以決定自己迎王，的確由於東港人壞款待。此事是東港人深以為恥之事。然而此事亦有其歷史背景，光復初年物資匱乏，以致無法盡到禮數，實情非得以。……據東隆宮年長、資深的醮儀典務人員說明，琉球島民當初之所以決定獨立組織迎王遶境活動，似乎曾發生過東港信徒與琉球信徒之間的紛爭，理由是東港人並未善款待來自琉球的朝香客……。」[15] 亦採此說。

雖早先雙方因互有苦衷，在諸般小事錯結總總推波之下，渡海因緣終至歧異，所幸兩地分而不離此後歷年彼此香火不斷情誼長存。

小琉球送王返天、燒化王船。（李永倫攝）

註9　陳文達，《臺灣縣志、鳳山縣志（合訂本）》（臺北：宗青圖書，1995），頁12。

註10　李宗信於〈小琉球的社會與經濟變遷（1622~1945）〉（臺南：臺南師範學院臺灣文化研究所碩士論文，2004）訪談許奪先生，謂此年為咸豐三年（1853年）。

註11　蔡坤峰，〈小琉球大令迎王記〉（屏東：自費出版，2003），頁18。

註12　1894年生，居小琉球天福村，1985年辭世。

註13　1903年生，居小琉球漁福村，曾任琉球鄉鄉長，1975年辭世。

註14　1899年生，居小琉球漁福村，1964年辭世。

註15　陳志榮，〈屏東東港鎮東隆宮與其信仰圈內庄頭廟及角頭廟的互動關係〉，《國科會87年度研究成果報告書》，頁5。

46

小琉球迎王顯現相當豐厚的海洋文化意象。(李永倫攝)

第二階段：琉球迎王發展期（1931-1982）

　　1925 年乙丑科之前琉球雖隸屬東港七角頭之一，但因琉球迎王發展第一階段的年代久遠且欠缺紀錄整理，資料零散難以一窺當時樣貌，東港方面也甚少相關資料可供參考。琉球退出東港迎王後，自 1931 年辛未科前往臺南南鯤鯓代天府進香自辦遶境起至 1982 年壬戌科止，累積五十幾年的經驗逐漸發展出現今迎王的樣貌，此為琉球迎王發展的第二階段。

　　為何自東港獨立迎王後不直接依例辦理，反而是先往南鯤鯓代天府進香，進香後再於中澳沙灘請水迎王[16]？從宗教意義來說，若神尊指示要遶境當有其遶境的裡由，反之若想請神尊遶境同樣需要理由，所以先輩將「往東港迎王」一事改為「恭請三府千歲遶境迎王」，為表重視便先往南鯤鯓代天府向五府千歲請命並邀請共襄盛舉；若從現實層面來看，因琉球本無迎王的傳統與科儀，脫離東港後若想自辦迎王，便須有足以替代東港的對象借此賦予自辦迎王合理性，而號稱「臺灣王爺總廟」的南鯤鯓代天府恰好符合此條件，往南鯤鯓迎請鯤鯓王並合三隆宮三府千歲，在進香後辦理遶境式的迎王便成為正當且具信服力的理由。

往南鯤鯓進香的程序是在科年農曆二月十九日「觀輦」,請三府千歲擇吉遶境,後改自元宵節起置香案三日,正月十八日「觀輦」[17]。遶境前兩日由大總理率眾奉請三府千歲金身往南鯤鯓代天府進香。最初幾次,信眾搭乘漁船至臺南北門上岸後再乘牛車到南鯤鯓,1934 年(甲戌科)臺南新報還曾報導東港郡琉球庄保正李嚮率領庄民一行三百餘人,乘十餘艘發動機漁船,浩蕩前往南鯤鯓迎三府千歲之事。

已過世的大千歲總班長佑天伯，八十多歲時會描述幼時某科隨父親往南鯤鯓的回憶，年幼會暈船的他隨父親在傍晚搭乘漁船一同前往北門，誰知天亮到北門，卻發現港淺又兼有鹽埔地，請人探港確認水深不足，一行只好再行折返，未曾到南鯤鯓，而後往南鯤鯓的船隊便不在北門靠岸，因北門港淺。改泊臺南，搭「輕便車」至北門。

　　三府千歲往南鯤鯓代天府進香的同時，另一批信眾也恭請碧雲寺觀音佛祖至大岡山超峰寺，邀請超峰寺佛祖共襄琉球迎王盛典[18]，較近代時，因許多琉球鄉親移居哈瑪星，應信眾要求，王爺公與觀音嬤回程時會往高雄鹽埕哈瑪星，而後再至東港搭乘漁船回島，回島的兩位大神再繞巡海域，期間因隨香信眾也多迎請宮內神尊隨之分往南鯤鯓及大岡山進香，回程亦隨行繞島，以此因緣而有今日迎王前「逡港腳（sûn-káng-kha）」的慣習。

　　往南鯤鯓進香的程序是在科年農曆二月十九日「觀輦」，請三府千歲擇吉遶境，後改自元宵節起置香案三日，正月十八日「觀輦」。遶境前兩日由大總理率眾奉請三府千歲金身往南鯤鯓代天府進香。最初幾次，信眾搭乘漁船至臺南北門上岸後再乘牛車到南鯤鯓，1934 年（甲戌科）臺南新報還會報導東港郡琉球庄保正李嚮率領庄民一行三百餘人，乘十餘艘發動機漁船，浩蕩前往南鯤鯓迎三府千歲之事。

註16　　黃佑天口述，採訪於2015。

註17　　黃佑天口述，採訪於2105。

註18　　黃佑天口述，採訪於2015；許眞念口述，訪談於2016。

1982年壬戌科最後一次往南鯤鯓進香，颱風成形且急轉直逼南臺灣，眾人乍聞颱風逼進時海上警報已發，非常擔心屆時若封港，一眾信徒被困在本島不要緊，連帶三年一科的迎王也將被迫暫停、展延，眾人雖然擔心但也得照正常程序往返，一到王爺公指定的過爐時間十一點，王爺公麾下旗桿將軍立即降駕當時的乩身「烏界」[19]，要人聯絡岡山的鄉親趕緊過爐，起駕南下，接著三府千歲的另一位乩童陳茂松拿起四支「大背骨」[20]往烏界背上一貫，此時王爺公降駕的烏界宛如戲曲裡身背五鋒的將軍，要眾人收拾後立即上車，烏界身著八卦兜、腰繫龍虎裙、背倚五鋒旗威風凜凜的立於車斗上，雖然颱風外圍的風場已讓沿高速公路南下的路途颳起陣陣強風，卻絲毫不為所動的立身直視，天臺角「番仔將」陳進力先生則隨身在後背酒酒直到東港，彼時雖然港口已風強浪大，王爺公仍讓眾人將神轎上船才稍退駕，隨船回琉球巡島，巡完下船後王爺公聖駕又起，要眾人照常出巡，直到回宮才退駕，在有驚無險中王爺以此神威為往南鯤鯓進香的迎王祭典畫下圓滿句點[21]。

　　在往南鯤鯓進香前，亦有安奉「中軍府」的程序，於王爺廟立一木板糊上紅紙並書「中軍府」，恭請「中軍府」蒞臨，自南鯤鯓回島後隔天將三隆宮三府千歲、碧雲寺觀音菩薩、福泉宮福德正神安於三頂神轎請至中澳沙灘「請水」，迎請「代天巡狩千歲爺」蒞臨巡視，祭典主事者在沙灘上設置供桌，桌上供有牲禮、幣帛等，信眾則擔著裝有「五味碗」[22]的竹籃在旁敬拜，另以「四駕」上置王爺公金身，眾人輿著等候王駕，待王駕降臨的「四駕」開始發駕，便起轎返回三隆宮過火，只留福泉宮福德正神在沙灘看顧焚化的各色紙箔，隔日以白沙尾福泉宮福德正神為先鋒引路，三府千歲神轎左側安有壽金，壽金上置一令旗，旗上書「大千歲」意表王爺公隨同大千歲查察四境。

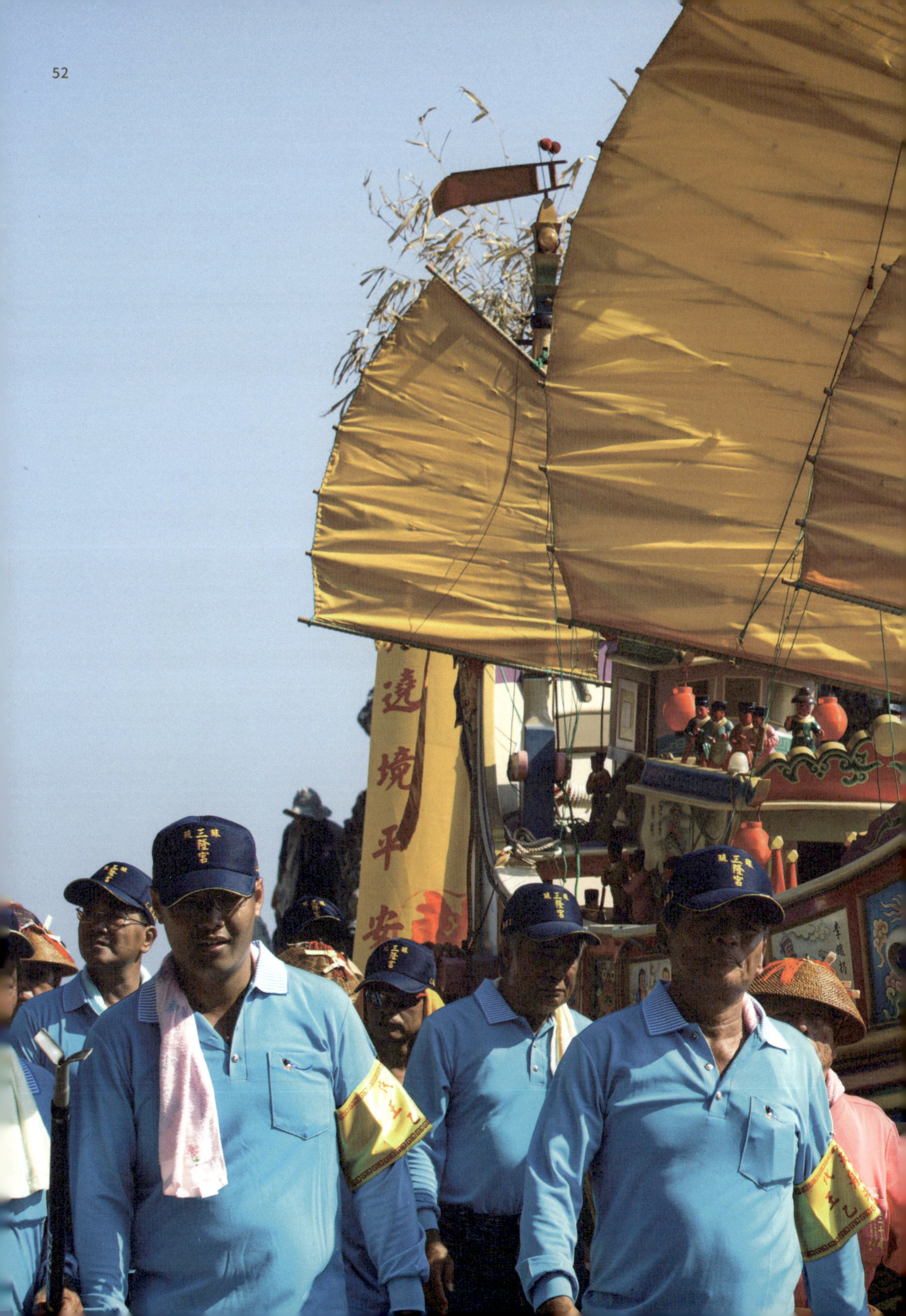
遶境平安
三隆宮

王船組走在王船邊（陳怕攝）

第二階段的迎王遶境在1967年丁未科時第一次改變。丁未科前遶境僅需一日，早上隊伍自小琉球三隆宮出發，沿中山路往大寮角，中午左右在天臺角休息用餐，用餐後起駕往杉板路腳巡視，下午四點左右繞白沙尾角，在白沙尾福泉宮前用些點心後轉往漁埕尾，漁埕尾蹔完後原路折返入廟安座，當晚送王，將中軍府的令牌與大千歲令旗請至中澳沙灘，連同金、銀紙帛化去，送「代天巡狩千歲爺」至東港，於東港迎王後併巡視東港的千歲爺返駕述職。

全鄉老幼皆期待且投入王船遶境（劉懷仁攝）

然而隨著經濟發展，鄉中丁口日漸興旺，參與迎王遶境的宮廟逐科增多，1967年丁未科繞完天臺角時已然日暮，當時路燈稀有，且亦無法在午夜前完剩餘路途，請示後決定駐蹕於飛機場（杉板路角），由白沙尾土地公及大眾千歲伴駕，花矸仔哪吒守更，當夜花矸仔林氏族人便輿著哪吒太子的四駕，整晚環繞行營巡視不歇，直至天明；天明後隊伍出發往視杉板路角、白沙尾角，隔

夜送王，送王後則由白沙尾土地公留守，監管、派發所化各色幣帛與祭品，當日下午各角頭土地公敬港墘。因丁未科無法在一日內繞完臨時改爲兩日，因此自1970年庚戌科起改迎王爲兩日直至1982年壬戌科。

1985年乙丑科前，琉球迎王究竟有無王船或類似形製的器具，在資料的收集過程中一直是道難題，幾位受訪者[23]皆稱此前送王只取其義並無王船，但〈小琉球大令迎王記〉一書載：「據地方耆老傳述，早期的送王儀式是由三府王爺公指定一位信徒，以竹筏載送紙竹糊合而成的王船，從下水處算起，開始划數三十六槳，然後再謹慎的將王船放入海中，做爲完成送王的儀式。……爾後，因恐海上作業的船隻與王船發生碰撞……爲避免造成漁民的困擾，從此送王皆採以焚燒化送的儀式。[24]」卻異於前說，若以黃佑天約有印象並無王船的1949年己丑科算起，是否己丑科之前的辛未、甲戌等科有紙糊王船亦未可知，眞實情形如何，有待更多資料說明。

註19　前小琉球迎王內司組長陳瑞明先生之父，陳世界先生。

註20　傳統插入乩童後背肉中的令旗，現多改良爲肩背樣式。

註21　此故事由黃佑天口述，筆者依口述內容重新編寫，陳瑞明先生亦證實此事。查氣象局歷年侵臺颱風資料庫，1982年11月並無颱風預警，10月14-15日則有編號第23號颱風南施(Nancy)發布海上警報，未知是否爲此颱風。

註22　碗盤內盛各色菜餚，祭典時犒賞神明隨從兵馬或普渡時祭拜好兄弟之用。

註23　黃佑天先生，許眞念先生，陳瑞明道長，許春發老師、蔡文化先生及作者家族長輩等。

註24　蔡坤峰，〈小琉球大令迎王記〉，頁52。

第三階段：琉球迎王成熟期（1985-）

原科巡主事者有意將 1982 年壬戌科從遶境式迎王改為正科迎王，但眾人以為此前己未科擲筊選大總理時並未事先宣布且禮儀未備，故在 1982 年壬戌科約定自 1985 年起改為「乙丑正科迎王」，而「混元法舟」來靠琉球一事則是改制正科迎王的常見說法。據《琉球鄉誌》[25] 所述：「民國 70 年，杉福村民徐有乾傳報，發現臺南縣無極混元玄樞院所建造的混元法舟 5 月 6 日施放漂流至本鄉，三隆宮主事即恭請前往迎接，並遷返該宮安祀。」……擁有。『無極混元法舟』之後，三隆宮始自行建造王船，民國 74 年『乙丑科』，正式舉行『送王船』之祭儀，是為本鄉『獨立迎王』的首科，……」雖然「混元法舟」是改制的關鍵但其中仍有許多需更深入之處。

小琉球共五間宮廟奉祀小型王船

1982 年，時兼碧雲寺、三隆宮管理委員會及迎王總幹事的蘇逢源老師與廟中眾人商議，要自壬戌科起改為正科迎王（自建王船、迎請代天巡狩），因此於當年年初建造王船一艘，但在建造過程中，大總理和各角頭參事、理事等科巡執事認為改制正科迎王茲事體大，當在前一科擲大總理時應先告知欲改制一事，眾人商議後，將原要用作正科迎王的王船改歸為三隆宮三府千歲座船，並向鄉中廣播，自 1985 年乙丑年起改做乙丑正科，開始自建王船，恭請代天巡狩大千歲暨眾位千歲聖駕南巡[26]，此後蘇老師請陳瑞明道長[27]至東港東隆宮向內司學習祀王、宴王、出入等祭祀事宜和活動規劃，取得資料後返鄉，依其所長略微增減祭祀流程，擔任乙丑正科祭典科長，蘇老師再將原有組別分編成為現今的科巡組織，自此琉球正科迎王規模大備。

　　琉球之所以能從往南鯤鯓進香的遶境式迎王，所以改為能獨立建造王船舉行「迎王祭典」，在身分或意義上來說真正的獨立迎王，要探究其因便須先釐清迎王的歷史意義及其環境背景。

　　雖然琉球在 1925 年乙丑科後便已自東港獨立迎王，改以為往南鯤鯓進香後行遶境式迎王，實務上看，早先參與東港迎王是琉球自辦迎王的「臍帶」，賦予先輩們參與迎王的經驗和舉辦迎王的意識，而前往南鯤鯓代天府進香是琉球自辦迎王的「奶水」，經由籌辦進香、遶境的過程強化迎王共識與科儀性，並逐步建立組織使「祭典委員會」漸趨完備，並以往南鯤鯓進香為名，藉由南鯤鯓代天府的地位賦予琉球能獨立於東港之外自辦迎王的權力。

註26　小琉球稱呼如代天巡狩等尊神，蒞臨巡察為南巡，諸位千歲也如此自稱其出巡為南巡。

註27　之所以請陳瑞明道長至東港學習，是因其職業對祭祀甚為熟稔，陳道長因此成為第一任內司組組長。黃佑天，採訪於2015年。

因此在 1985 年之前，琉球僅在名義上獨立迎王，待環境、人力、物力、財力、心理等皆熟備，最後藉由「混元法舟」這個契機，琉球方才達成真正的「獨立迎王」。

論及琉球獨立迎王，皆肇因於東琉兩地因迎王產生的紛擾，然而李宗信於〈小琉球的社會與經濟變遷(1622~1945)〉提到重要但為人忽視的潛在因素：「日治時代因漁業的發展，而造成嶼民在社會與經濟上結構性的轉變有絕對的關聯外，殖民政府透過庄役場、庄協議會、派出所、各種組合及公學校等機關團體的直接控制，使嶼民逐漸形塑出整體意識亦是不可忽略的原因之一。」該文從社會背景指出琉球走向獨立迎王並非單純因素，更有因殖民政府的統治作為，使琉球不只在行政上獨立於東港，也從社區意識上建立自體的觀感，如1925年「琉球庄漁業組合」正式成立，此前則是「東港漁業會社琉球嶼支社」，因此漁業組合獨立的意義，不僅是漁業組織的分離，更是支持三隆宮在1934年後，自東港溪流域迎王系統獨立其迎王活動的重要背景關鍵。

漁業組合、畜產組合、信用組合、公學校及各種官方團體的設立與運作，使當時的嶼民認知到「自」、「他」的區別，1920 年琉球庄役場正式設立，琉球嶼民自此有了新的自屬身分而非僅只是東港郡下一街庄。

此外，琉球公學校的設立，凝聚了琉球嶼居民的文化意識，而 1934 年琉球往南鯤鯓進香的報導中，發起十幾艘發動機漁船往南鯤鯓的場景，更是琉球經濟已達相當水準的明證，綜此背景可知促使琉球獨立迎王的因素為：

1. 漁業技術成長，帶動社會、經濟之結構性變遷。
2. 殖民政府統治，形塑嶼民自主意識。
3. 庄役場、庄議協會等的設立，拓展公共人際關係。
4. 公學校建立、共學區規劃，擬聚一體感。

全鄉家戶於自家門前敬拜王船，並準備飲品款待遶境人員。（劉懷仁攝）

待到 1931 年辛未科在諸因素漸趨成熟的支持下，由李嚳、蔡鳳等鄉賢登高一呼，自此琉球迎王展開新的篇章。

1952 年後琉球人口成長顯著提升，隨著戶數與人口增加，鄉內亦新增許多住所，迎王時穿繞大街小巷途經各處民宅的遶境方式，受人口增加的影響而發生無法在一天內完成遶境的情形實屬必然，因此自 1970 年庚戌科起，將迎王遶境由一天增為兩天，是隨人口增加而必然做出的改變。

鄉內人口成長使分戶變多，從而擴增的居住區域則讓迎王隊伍巡行路徑持續增加，方能滿足各住戶希冀巡視祈安的期待，因此從人口的變化來看，迎王制度的調整與鄉內人口增加有其相當程度的關聯。

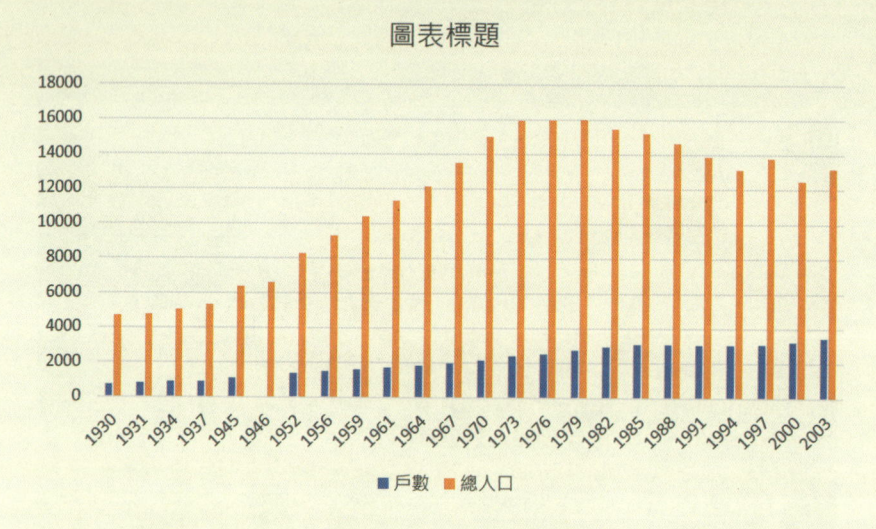

圖表標題

歷科迎王琉球鄉人口及戶數統計圖
資料來源：筆者整理自〈琉球鄉誌〉

除了鄉內人口增長的影響外，日治時代宗教禁令解除，鄉內許多原本屬於宗族或人家的神祇紛紛建宮立廟，隨之而來的便是參與迎王遶境的隊伍逐科增加，騰風宮總幹事許真念先生表示[28]，初期迎王的隊伍只有三隆宮三府千歲、碧雲寺觀音菩薩及白沙尾福泉宮福德正神三頂神轎，但隨著鄉內發展，白沙尾角逐漸有水仙尊王、池府千歲、玄天上帝、瓦厝內南普陀佛祖、陳厝送子觀音

註28　許真念，採訪於2016年。

等加入遶境行列。大寮、天臺、上杉三角頭，除了各角頭土地公外，亦加入許多神轎；另迎王時，無法出轎的廟宇也會「寄輦」於友宮，日漸繁多的隊伍延長「走輦」的時間，新增的宮廟則增加需「走輦」的地方，因此成長的宮廟數亦是促使迎王調整遶境天數的因素之一。

除了人口增長外，想調整迎王制度尚有賴於基礎建設的完備。1969 年鄉營電廠成立，供電網雖遍及全鄉但供電時間有限價格高昂，1974 年臺電接管並於 1977 年設備更新，供電時間增加且電價合理，1980 年自林邊鄉鋪設海底電纜，自此全島整日供電無虞。

琉球為珊瑚礁島嶼，地形不利蓄水，早期用水需仰賴水井、湧泉、儲雨，乃至夏季需海軍運水支援，1967 年鑽探深水井兩口得水，1971 年核准設立自來水廠，嗣後用水量增加，原有水量無法供應，1981 年自林邊鄉鋪設海底輸水管，鄉中用水方稱穩定。

回顧鄉內水、電發展，可以看出琉球的社會與經濟成長，當時的臺灣憑藉戰後人口成長紅利與全球經濟急遽發展，社會整體發展迅速，琉球亦在此時迎來島內人口巔峰，並完成現代化社會的基礎建設，不只水、電設施在此期間完成，島內重要公路如縱貫幹線（中山路及中正路）、環島公路也是在此期間陸續開拓，早期除白沙尾至澳仔口的路段尚稱平坦，鄉中其餘道路皆是羊腸小徑，1956 年警備總隊職訓三總隊，提供人力支援，縱貫幹線修為六公尺寬，鄉中各道亦同時拓寬，1960 年鋪設柏油，1962 年修整排水溝渠，1973 年完成環島公路，期間職訓總隊靠著克難的設備，皆用人力胼手胝足闢建島上公路。

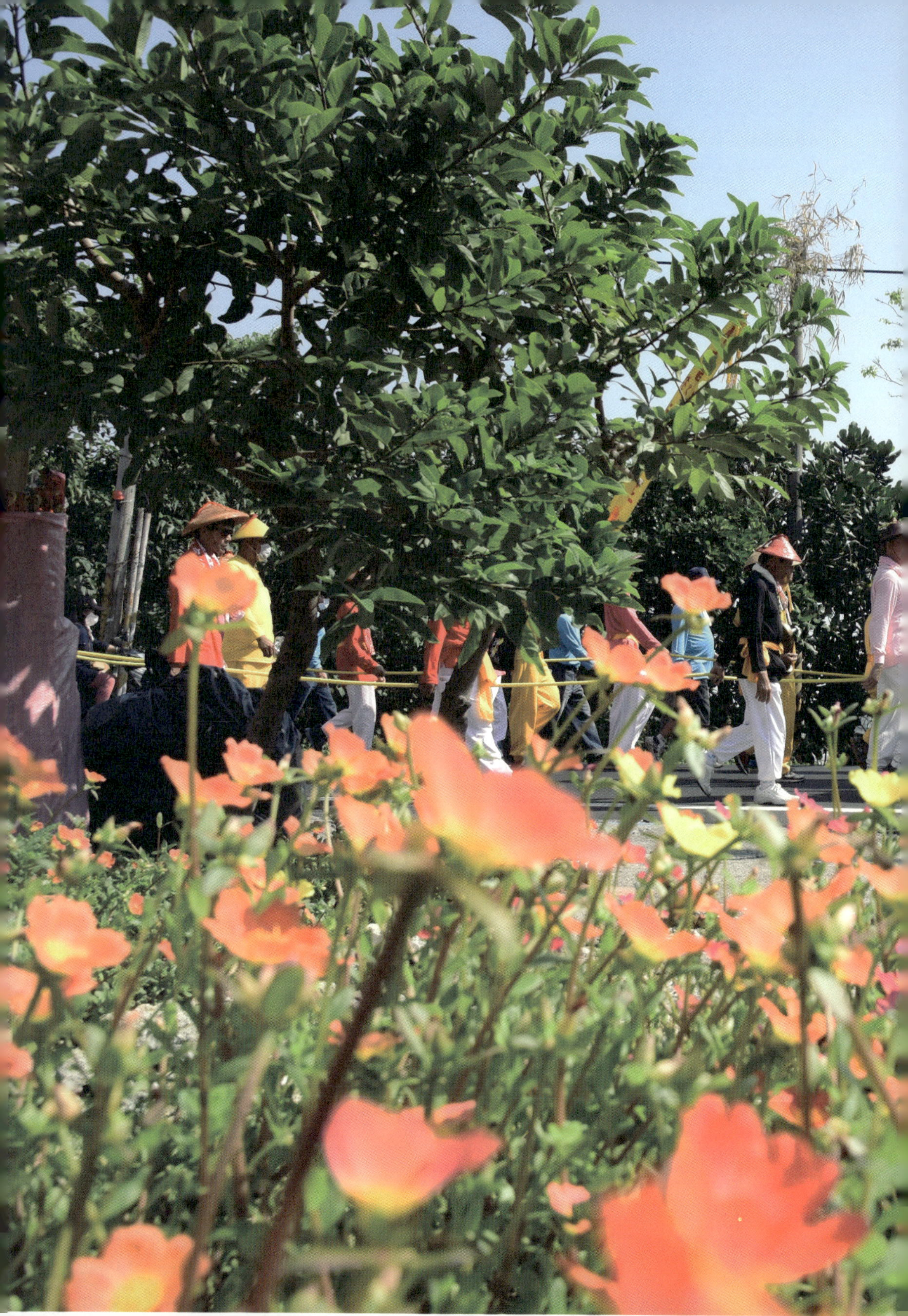

王船遶境走遍小琉球每一寸土地（劉懷仁攝）

水、電、公路的完成,均為琉球的人口成長、社會發展帶來助益,可以注意到琉球迎王三次的轉折,皆能發現鄉內重大事件或建設的影響。

迎王改制與琉球重要事件對照表

西元	紀年	重要事件	迎王制度調整
1920年	大正9年	1、高雄州東港郡琉球庄役場設立。 2、琉球庄協議會設立。	
1921年	大正10年	東港公學校琉球分校獨立為琉球公學校。	
1925年	大正14年	琉球漁業組合成立。 2、乙丑科迎王	脫離東港獨立迎王
1944年	昭和19年	1、琉球庄農業會改立。	
1956年	民國45年	警備職訓隊拓寬道路。	
1960年	民國49年	鄉中道路鋪設柏油	
1967年	民國56年	丁未科迎王首次無法在當日完成遶境。 鑽探得兩口深水井供水。	
1969年	民國58年	鄉營電廠成立供電網遍及全鄉	
1970年	民國59年	庚戌科迎王	改為兩日遶境
1971年	民國60年	設立自來水廠。	
1973年	民國62年	環島公路完成。	
1974年	民國63年	臺電接管電廠增加供電時間	
1980年	民國69年	海底電纜完成全鄉整日供電	
1981年	民國70年	鋪設海底水管	
1982年	民國71年	壬戌科迎王,倡議改為正科迎王,遶境四日	決議1985年改為乙丑正科
1985年	民國74年	乙丑正科迎王	

資料來源:筆者整理自〈琉球鄉誌〉

「社區意識」的萌發與新的身分認同後，小琉球脫離東港獨立迎王；1967年遶境日數臨時延長，此前有職訓總隊拓寬、整修道路，遶境隊伍巡經路線受此影響而增加，1969年鄉營電廠成立，夜間供電，1970年正式改為兩日遶境；1985年起正式迎王，遶境四日，此前1973年環島公路鋪設完成，1975至1980年間，陸續完成六條鄉內公路，1980年亦鋪設海底電纜，全鄉整日供電，1981年鋪設海底輸水管，用水自此穩定，島內人口有一萬五千餘人且戶數大增，建築增加，農地面積縮小，因此「混元法舟」的駐駕只是表面上的引人注目的事件，基礎建設逐步完備、人口繁衍及廟宇增多等，則是琉球迎王改制的真正背景因素。

綜上所述，小琉球迎王發展至今，已和本島的東港地區產生諸多差異，然兩地負責建造木造王船的「王船組」卻仍然密不可分，下一章將以王船組為主要對象，詳述其組織沿革與相關細節。

小琉球王船遶境（劉懷仁攝）

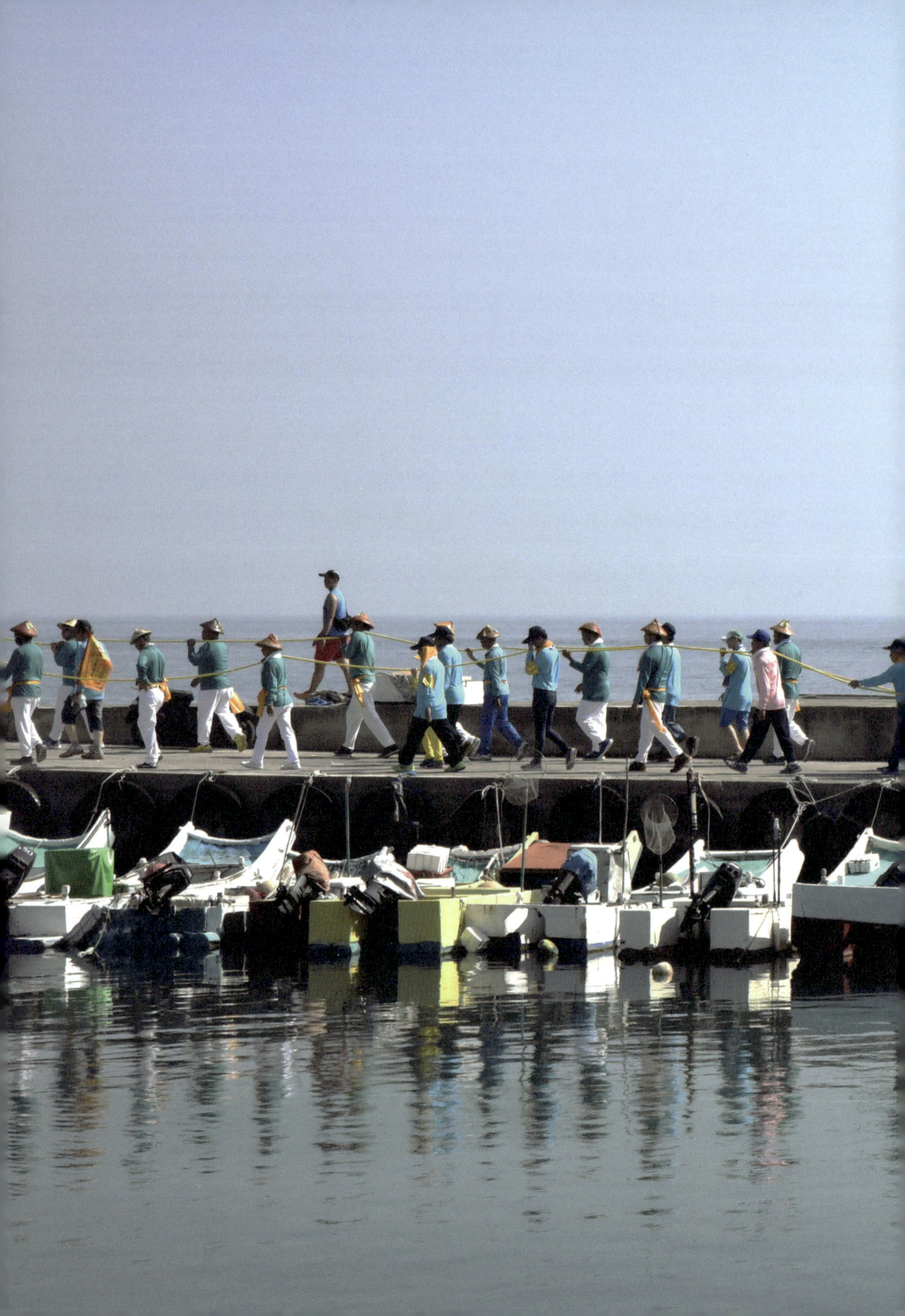

小琉球王船遶境,於港區於實體船互有呼應。(劉懷仁攝)

【歷科王船型制演變比較】

　　琉球王船型制可知有明顯變化是戊辰（77）到辛未（80）之間，因組長輪替所隨之而來型制上的差異，然而辛未（80）科王船型制和部分細節與現在仍有不同，現今王船實於甲戌科（83）才定型至今。針對乙丑（民74）、戊辰（民77）、辛未（民80）、甲戌（民83）及戊戌（民107）五科王船之比較如如下表，比對後文歷科王船相片與差異整理表能看出，王船不只在船身型制上逐漸轉變，彩繪與遶境方式等細節等也都歷經不同階段的發展，才有今日所見的王船樣貌。

船體	乙丑科	戊辰科	辛未科	甲戌科	戊戌科
外型	無明顯前後區隔，類似烏篷船。		中間篷型改為五王厝，有前後區隔。	由中間五王厝區隔前後。	
舵公厝	無			有	
尾舵	無封閉			封閉	
帆架	船身左側			船身右側	
彩繪特色	除波仔部份畫八仙外，船身素面。	自戊辰科起船身繪製黑鮪魚、旗魚等具漁村特色，象徵漁獲豐收水族，船身彩繪漸趨豐富。			
遶境特色1	船艉插五支娘傘。	船艉五支娘傘改為五營旗，娘傘移至船艙。			
遶境特色2	遶境時不揚帆			遶境時揚帆	

乙丑科（民74）王船：佛三隆（許嘉村提供）

戊辰科（民77）王船：滿成（許嘉村提供）

辛未科（民80）王船：嘉吉利（許嘉村提供）

戊戌科（民107）王船

天官賜福同時繪有加官、晉祿、晉爵等吉祥圖案。(陳伯儀攝)

船身繪有八仙,同時有彌勒佛,象徵皆大歡喜等吉祥寓意。(陳伯儀攝)

你所不知道的王船小百科
特別行動篇

王船建造過程中除了繁雜的工序外，還有許多不在行程內易被忽略的重要工作，其中有些是只有組長、幹部或長時間待在王船寮內才會發現，以下序號無關行動先後次序。

特別行動一、測量三隆宮轅門高

因三隆宮正門陡峭王船繞境時都由轅門進出，因此立桅揚帆的王船在出門前要先計算檯車、船身、中桅和聽風旗的總高，避免王船全部組裝後因過高卡在轅門的情況。

理論上王船會隨科增大，但當王船增至一定大小後便維持尺寸，除了因琉球地形起伏，王船過大會造成繞境不便，另一重要因素便是受限於轅門高度，過大過高都可能會出現需取下聽風旗甚至收帆卸桅才能順利繞境的尷尬情況，這對漁民的意義不言可喻，所以王船立桅後組長會派人將竹竿比對出轅門高，並量測、計算檯車、船身、中桅和聽風旗的總高，確保繞境時能順利出巡。

圖說 / 測量轅門高

圖說 / 測量檯車高

你所不知道的王船小百科
特別行動篇

特別行動二、撿木料

王船進水典禮上有「斬龍根」一項儀式，「斬龍根」時會將王船自架上放到檯車，接著在船頭潑水、開水路，象徵船隻進水啟用。

「斬龍根」的過程大致如下：

1、準備兩組千斤頂並在其下方用木料墊高，千斤頂上方和船隻接觸面也墊木料支撐，接著在用千斤頂將船隻抬離支架。

2、撤走支架，將檯車移至船隻下方，用木料疊出臨時支架後撤走船艏千斤頂，檯車繼續深入，重複前面動作後撤走船艉千斤頂，此時檯車在船隻正下方。

3、重新用木料支起千斤頂頂住船隻，逐步抽出臨時支架的木料並同步降低千斤頂，反覆動作直至船隻穩定座落在檯車上。

送王時則顛倒順序脫離檯車，再用木料疊出臨時支架，最後將送王用的金紙逐一填實船下空隙直到船身固定。

「斬龍根」和送王時用的木料來自於平常施作後的邊角料，切下的邊角料裡破碎、細小會做墊木，用F型萬力夾固定木料時墊在夾口，避免夾損木料表面，較大的邊角料則另外集中，以備「斬龍根」和送王時用作臨時支架，收集的邊角料各種厚度都有，方便千斤頂上下時替換。

你所不知道的王船小百科 — 特別行動篇

特別行動二、做牙

　　王船建造前要先安軍中府，中軍府有兩處一在三隆宮，另一在王船寮，三隆宮內的中軍府處理所有迎王大小雜事決斷並負有綏境安民的任務，王船寮的中軍府主要負責督造，確保王船能如期、如質完成，王船組員每日到班的首件事是向王船寮內中軍府上香，就像普通上班族打卡簽到，下班前上香告退則是簽退，大家相信這段期間中軍府都會派員照看保祐施作平安。

廟裡與王船寮的中軍府由科巡執事輪值敬獻，另外也會在每月初二由大總理率領科巡執事在王船寮外設案敬拜普渡公、好兄弟，感謝他們讓王船建造平安順利，雖然做牙屬於科巡執事的工作，但卻與王船組工作相關，因此也將之列為特別行動。

圖說 / 大總理暨科巡執事在王船寮外向寮內中軍府做牙

圖說 / 做牙後科巡執事聚餐

Ch.
3

細說王船組

陳建佐

東琉兩地木造漁船產業的興衰

文／陳建佐

　　東港地區自清治時期（1683-1895）開始發展商貿，並於清國開港通商後漸成為臺灣南部商船出入的要口之一，周邊如阿緱、萬丹、潮州、林邊等地以東港為中心成為地區性市場集散圈，然日治時期（1895-1945）因日本殖民政權為阻絕臺灣與清國沿海的高度依賴關係，並將清國視為外國，臺灣總督府陸續發佈多條法規[1]限制清國船隻只能在基隆、淡水、安平、打狗四個口岸登陸，改變了臺灣與清國之間長期建立的貿易關係，東港因政策等因素轉而發展漁業。

　　一海之隔的小琉球與東港在社會、經濟、文化等方面皆有密切往來，其中漁業發展呈現既競爭又合作的特殊關係，東港漁業組合[2]於1913年購入的第一艘重油發動機船豐魚丸後，曾在小琉球海域試作業，使得部分小琉球的漁民興起集資購買發動機漁船的念頭，其後來臺的日本漁業移民、設立於東港的水產補習學校、水產講習會以及漁產資料提供，皆將東琉兩地漁民共同納入指導對象之中。作為日本南進政策的漁業發展重心之一，小琉球燈塔於1929年竣工後，至1940年代，當地機械動力漁船已達120艘，且竹筏因漁場不同並未因此被取代，1924年舊有的東港漁業組合解散後，琉球漁業組合自此獨立於外。此外，也因為東港港口淤積以及主要鐵路未經過之故，自清以來仰賴東港作為進出口節點的小琉球逐漸往高雄、臺南發展。[3]

在臺灣總督府發展漁業的趨勢下，前往東港的造船學徒接受學習日本「舟大工」的日式木造漁船製圖、施作工法，直到二戰結束時，東港木造船師傅們的造船技術均已是日式機動木造漁船的技藝[4]。東港也於此時開始發展延繩釣漁法，其漁具在東港與小琉球地區稱之爲「緄（kún）」，在漁場投繩佈置則稱爲「落緄（loh-kún）」或「放緄仔（pàng-kún-á）」，是一種被動性漁法，漁具主要部分爲一條長的幹繩，在幹繩上節有許多較短的枝繩，枝繩末端連結已掛餌的釣鉤，鉤與鉤之間有一定間距，幹繩長度可由小型沿岸漁業的數百公尺到大型遠洋漁業的 50 公里以上[5]。1960 年左右東港近海漁業以鮪延繩釣爲主，佔總產量 77%；1961 年東港與小琉球兩處的鮪釣漁船達 230 艘，年產量八千餘公噸，是臺灣最大的近海鮪魚生產地[6]。1964 年東港從事鮪延繩釣和雜魚延繩釣者有 435 艘，已成爲東港漁業主流，漁船數量增加也代表漁業從業人員的增加，截至 1973 年，東港漁民已從 1954 年的 7027 人躍升至 14883 人[7]，約佔當時東港總人口的 36.45%[8]。由人口結構中漁民的高佔比和動力漁船數量的提升可推知，東港不僅已經成爲專業化的漁業市鎮，該漁業經濟持續朝向鮪釣漁船特化的趨勢也非常顯著。

註1　如《清國人入境臺灣條例》、《清國人入境臺灣條例施行細則》、《清國人入境臺灣者申報要領》、《清國人入境臺灣實施規則》、《清國人上陸條例施行規則》、《清國式船舶管理章程》等，可參考蔡昇璋碩士論文〈日治時期臺灣「特別輸出入港」之研究〉（桃園：中央大學歷史研究所碩士論文，2008）。

註2　台灣總督府頒布施行漁業法、漁業組合會等法規，東港街卽於是年六月核准設立「東港漁業組合」。東港郡新園庄漁業者成立新園漁業組合。「東港漁業組合」改爲出資制度之「保證責任東港漁業協同組合」。合併東港街、琉球庄、新園庄、佳冬庄、林邊庄5單位漁業組合爲「東港郡漁業協同組合」。（東港區漁會沿革）

註3　李宗信整理1945年以前小琉球漢人移居形成的社會狀況，從漁業和宗教的角度進行討論，論及早期的竹筏到日治時期日人引進的動力漁船對小琉球產生的影響，詳見李宗信〈小琉球的社會與經濟變遷（1622~1945）〉（臺南：臺南師範學院臺灣文化研究所碩士論文，2004），陳淑華、蔡東祐，〈東港王船沿革與承造工法保存調查〉，頁200-201。

註4　陳淑華、蔡東祐，〈東港王船沿革與承造工法保存調查〉，頁200-201。

註5　林俊辰譯，《延繩釣漁業技術與魚類對漁具的生態行爲》（臺北：財團法人徐氏基金會，1999），頁1-2。

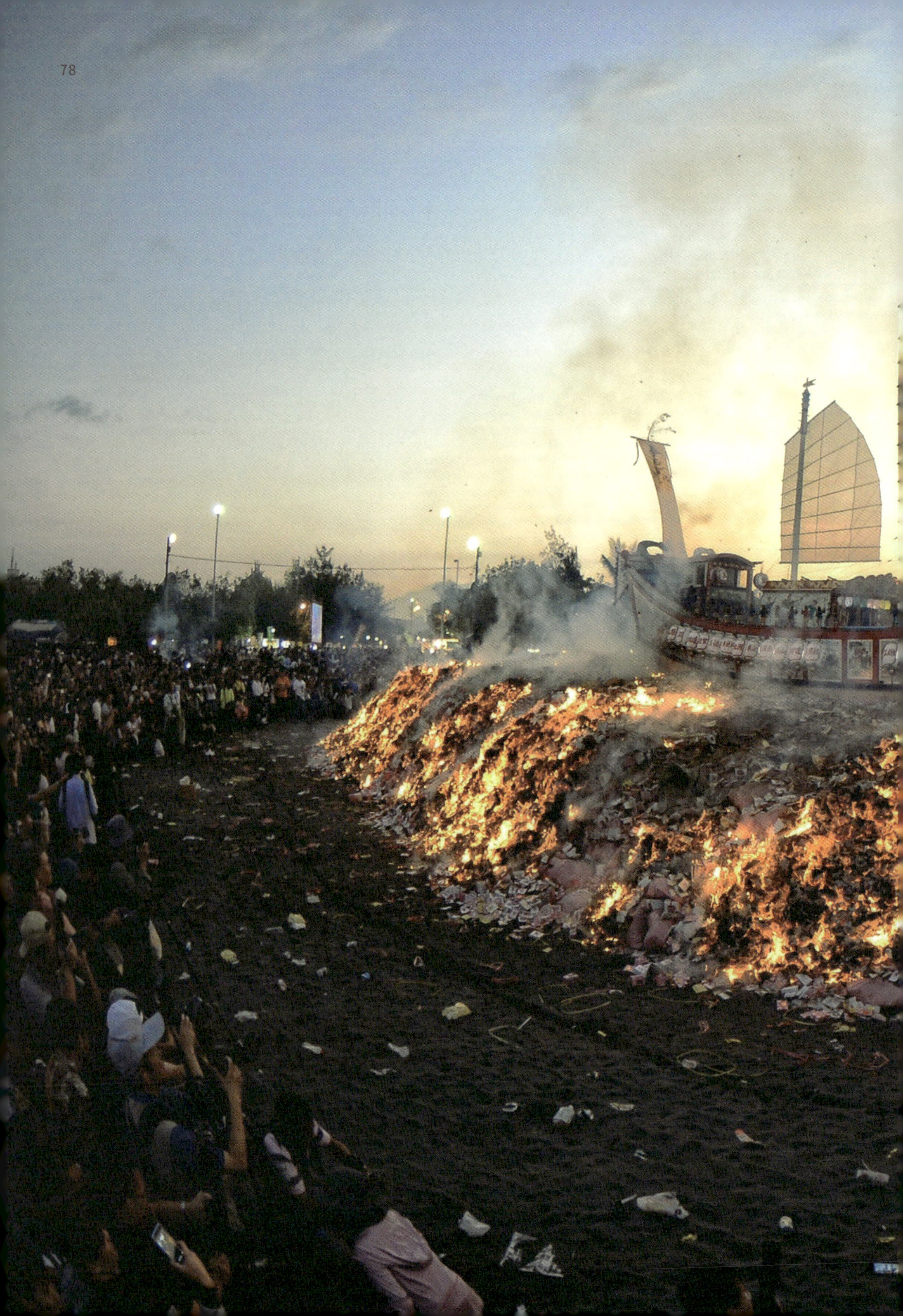

東港迎王與地方漁業文化息息相關。（劉家豪攝）

木造船產業在 1970 年代初遭遇石油危機之前發展極為蓬勃，小琉球雖也有造船廠，原址分別位在現在靈山寺、老人會及檢查哨三處，但漁船主要仍在東港建造，相關工作機會也較多。當時造船廠主要聚集在東港碼頭對岸的新園鄉鹽埔村，有金建利、健富、存富三家大型造船廠，東隆宮亦在此處有十幾公頃的廟地，金建利造船廠便是向東隆宮租借土地使用[9]。

　　現為東隆宮祭典委員會設計科科長的蔡文化也表示：「……做到後來就大車拚，做到後來都過來這邊（東港）六十的（指引擎馬力），尾仔一百的啦，一二五的啦一百五的啦，越做越大，有的都專門牽冷藏的，都過來這邊，以前都在鹹埔仔那邊做，整個造船所都全是造木船的，那時就很那個（興盛）了。……」當時東港木造漁船產業的興盛可見一斑。

　　一直到了 1973 年十月以阿戰爭爆發，導致全球石油危機，國際油價飆漲，1974 年漲幅達 350%，影響全球經濟成長，加上氣候因素導致糧食生產減少，使得國際糧價飆漲，國內物價大幅飆漲[11]。在此之前臺灣雖已出現物價上漲跡象，但國民政府採行貨幣緊縮政策，並於 1973 年十一月宣布「九大建設計劃」（後加入核能發電廠，改稱為十大建設），全面管制能源價格，即便如此，通膨率與失業率仍於接下來的兩年內逐步上漲，而 1979 年兩伊戰爭引起的第二次石油危機同樣造成了不小的生產成本上揚與通貨膨脹。[12]

　　萬物齊漲的情況下，東港木造漁船產業面臨成本壓力，木造船師傅主要以「向船東承攬接案」或是「受聘進到船廠工作」為收入來源，若短期間暫無工作，多隨漁船出海捕魚，從事沿岸或近海漁業貼補家用，然無論是造船還是捕魚，

在當時收入不足的風險相當高，據東港王船組副組長黃貴燧先生所述：「（1979年第二次石油危機時）港內很少船，後察溪都沒船仔哪，那船都沒有了餒，啊就是空窗期一段時間，除了拖網船進來，你知道拖網船最好經營的，因為他們是近海的，一天的花費不多，每天都是現金，你也知道他們都在小市場在賣，整天都是現金啊，啊稍大的鮪魚船出去就是一兩百萬，差不多一百多萬的經費，你知道你抓不到那個魚啊會怎樣呢？下航出去真的會怕。[13]」

　　根據日治時期的紀錄，臺灣延繩釣漁業主要採按比例分配的分紅制度，船隻與船具由業主（船東）提供，自一次出海漁獲總售款中扣除各項成本如燃料、船員飲食費用、維修費等之後，按照船員等級依序分紅[14]。東琉地區延續此種方式至國民政府執政之後，若是參與投資稱之為擁有「股份」，由參與其中的漁民先行出資分攤出海成本，再依照股份分配收益，建造漁船亦涵蓋在此制度範圍內，船東不僅透過貸款籌措經費[15]，也會四處找人合股，而造船師傅也時常參與投資。

註6　　胡興華，《臺灣漁會譜》（臺北：臺灣省漁業局，1998），頁183。

註7　　陳慶華，〈東港漁業的發展與變遷，1948-2008〉，頁81-82。

註8　　1954年東港總人口為28673人，1973年東港總人口為40836人，歷年東港人口數可參考屏東縣東港戶政事務所，〈東港歷年來戶數及人口〉。

註9　　梁芝茗，〈東港迎王文化對傳統木造船工藝保存之影響〉，頁49。

註10　　蔡文化，訪談於2023年。

註11　　蕭彩鳳，〈臺灣、日本、韓國在1974年與近年能源危機期間之經濟與物價〉，《行政院農委會》，https://www.coa.gov.tw/ws.php?id=18379（2023.4.7徵引）。

註12　　郭柱延，〈石油危機時期之物價問題與相關經濟政策分析〉（嘉義：中正大學經濟學系國際經濟學碩士學位論文，2011），頁22-24。

註13　　黃貴燧，訪談於2023年。

以黃貴燧為例，其職業生涯早期擔任造船師傅時一天工資約莫一千元，當時鹽埔周邊的土地差不多一坪六百至一千五百元左右，但師傅們多認為投資土地無法獲得收益，因此多投資在漁船上，然而蓬勃發展一陣子後面臨 1979 年第二次石油危機，不僅投資血本無歸，從業人員的組成也面臨崩解[16]。

東港木造船產業受兩次石油危機重挫之後，接續面臨的是玻璃纖維船 FRP（又稱化工船）的出現競爭，木造船浸泡在海中的部分約在使用四、五年後受蟲蛀、腐爛或黏著藤壺，約半年就得上岸保養並油漆船體外殼，需付出額外費用。反觀玻璃纖維材質成本低、強度高、重量輕、不受海水腐蝕、耐用年限長且汰換率低，1965 年引進 FRP 後，1978 年政府開始大力推廣[17]，木船便在接下來的二十年間逐漸遭取代。此外，因檜木較不易受到海水侵蝕腐壞、也較不易扭曲變形或崩裂，成為木造漁船使用的材料之一，其來源主要來自阿里山、八仙山和太平山林場[18]。但 1960 年代初展開的林相變更伐盡許多闊葉樹林，改植針葉樹及經濟價值較高的闊葉樹[19]，原生的硬木如多用以製作漁船船肋的相思樹亦逐漸減少。在本土材料取得困難的情況下，進口木材不敷成本，木造船師傅紛紛轉行，許多人重新學習 FRP 技術，或轉而從事裝潢等木工事業。以現為東港王船組執行長的潘鳳得先生為例，玻璃纖維船 FRP 出現之後他便離開東港，到宜蘭轉做廟宇工藝[20]

註14　李宗信，〈小琉球的社會與經濟變遷（1622~1945）〉，頁101。

註15　據黃貴燧訪談所述，不僅建造漁船的經費可以貸款，漁船引擎可以用來貸款，漁船的保險也可以拿來貸款，以遠洋漁業為例，可以用前一艘漁船的貸款來建造下一艘漁船，有時候前一艘尚未出港，下一艘便開始建造，其收入來源則是遠洋漁業的海外基地，有時候年收益可達幾千萬，差不多一兩年便可回本。

註16　黃貴燧，訪談於2023年。

1970 年代開始因山林資源枯竭，木材產量銳減，木造船廠紛紛改做 FRP，無法自行轉型的則變賣給有資金的企業，轉型為鐵殼船船廠[21]。雖玻璃纖維船的船殼模型與部分船頭仍需要木作支撐，但木造漁船已完全失去市場需求，日漸沒落的同時開始轉型為其他面向，成為因應宮廟需求製作永祀王船、縮小比例之個人收藏或博物館館藏藝品、或是宗教慶典送王船遊天河或遊地河所需之建造技術。1973 年成立的東港王船組便是將製造木造漁船的技藝與王船的形式結合，承續日式漁船建造時使用的專業術語[22]、水密隔艙[23]技術的運用以及融合漁船外型的「漁王船」特色，皆是不同於其他地區王船建造的獨特之處。

註17　魏鳳錦，〈戰後安平造船產業文化〉（臺南：臺南大學文化與自然資源學系臺灣文化碩士班碩士論文，2021），頁61-62。

註18　葉志杰，《聽看東港——從老漁村見識大歷史》（臺北：野人文化，2004），頁46。

註19　林慶華，〈永續林業・生態臺灣〉，《臺灣林業》106年4月號（2017），頁10。

註20　潘鳳得，訪談於2023年。

註21　林于煖，〈沒有名字的造船人：爺爺的一生與臺灣民間造船史〉，https://storystudio.tw/article/gushi/those-who-built-the-ships-in-memory-of-my-granddad/（2023.4.25徵引）。

註22　如水底板上方、外版下方突出的兩片船殼板稱「コシ(ko shi)」；船頭版稱為「カルキ(ka ru ki)」；船肋頂端編號如「天友」、「天表」；「魯拉」則是指纏繞繩子操控的絞車。

註23　利用隔板將船艙分成互不透水的不同艙區，航行時若是一兩個隔艙意外破損，海水進不到其他艙中，船能繼續保持浮力不會沉沒，詳細解說可參考蔡誌山等《東港迎王平安祭典木王船工藝》。

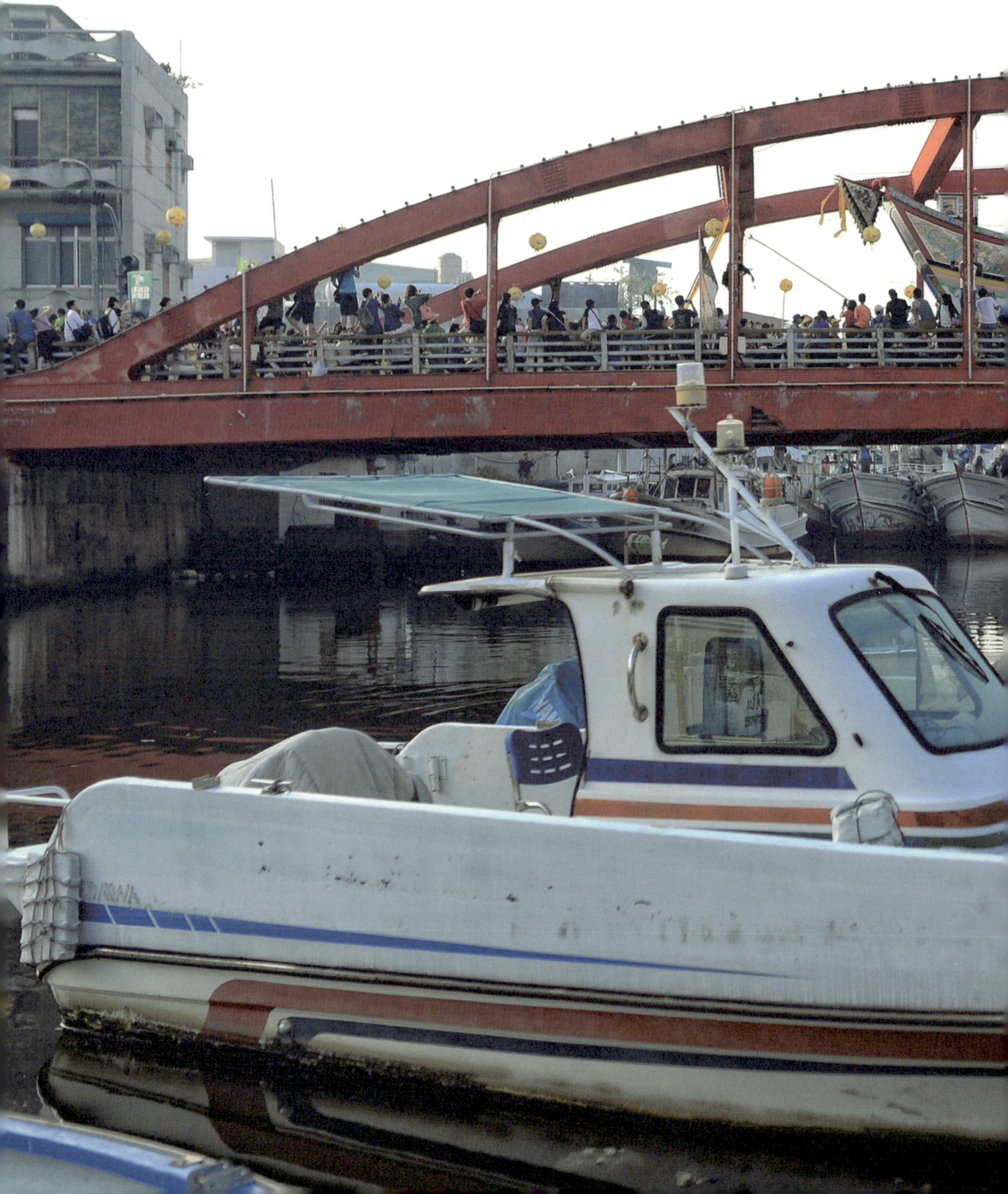

東琉兩地的王船與漁船製造史息息相關。（劉家豪攝）

東港與小琉球兩地王船組建立背景

在全臺各地諸多舉行王醮或迎王相關祭典的廟宇中，只有東港東隆宮與小琉球三隆宮特設「王船組」建造王船。

東港王船組與小琉球王船組主要工作為建造該科王船，除王船開光時邀請地方首長蒞臨之外，其餘皆由王船組的造船師傅們一手包辦。據李豐楙所論，自1973年東港王船改為木造之後，早期東港王船的建造所需工時通常約需五至六個月之久，從1991年辛未科以後，由於匠師人力的集中，也是經驗、技術上更臻嫻熟，故縮短於兩個月之內即可完工[24]。然而近年來匠師逐漸高齡化與人力短缺，就筆者親身參與的2024年甲辰科東港王船建造，加上開斧與製作龍骨船肋等準備時間，總製作時長已增加至三個多月左右；2024年甲辰科小琉球王船建造總時長則約莫為四十天上下。

除了王船製作以外，迎王時的遷船遶境橋段，王船組需負責「出廠」，也就是將王船船身、船帆與其餘攜帶設備自王船寮中移出並加以清潔整理後，以黃色布幔將船身及附屬物品圍起，以防閒雜人等觸碰，保持王船的聖潔；遷船時王船組必須負責王船的安全穩固，成員也會在王船之前參加遊行。王船遶境結束後，「添儎」程序由典務科、內司以及王船組共同負責，將王船上所需物品一一裝載在船艙內，且多由經驗豐富的老船長來擔任添儎的重要工作，能按照他們在船上長期累積的物品擺放的經驗，並遵循古代漂著王船添儎的情形，將各類物品放置於固定的船艙中。在王船火化「遊天河」之前，王船組成員將王船

船身固定在金紙堆之後，將原本由各角頭抬扛的神器一一組裝起來，最主要的便是三根桅杆及風帆，並在一切就緒後將原本垂於地面以示王船停泊的前後船錨拉起，並將之分別置於船頭、船尾，等待鞭炮點燃燃燒。[25]

東港與小琉球兩地王船組因創立時期有先後之別，雖各自獨立運作，但其成員組成多有重複，許多東港王船組的琉球籍成員同時也是小琉球王船組的一員，皆為在小琉球、東港、鹽埔、甚至高雄從事木造船產業的造船師傅，且兩地主導人物同為「決仔」蔡文化先生（現為東港迎王祭典委員會設計科科長、小琉球王船組組長）。其王船樣式除了尺寸差異外也大致相同，因此雖為兩個不同的組織，但實際上皆起於東琉兩地木造船產業興盛所致，因地方經濟發展而與信仰結合，促成其在地獨有現象。

為清楚分辨兩者建立背景之差異，此節將分別論之。

一、東港王船組建立背景

1973 年癸丑科東港迎王祭典為最後一屆大總理制，在此之便後改為委員制，同時，此科也將遊天河的紙王船轉為木造王船，並碰巧遇上第一次石油危機，本節欲釐清此些情事先後順序，並整理說明當時的時空背景。

註24　李豐楙，《東港迎王──東港東隆宮丁丑正科平安祭典》，頁105。

註25　李豐楙，《東港迎王──東港東隆宮丁丑正科平安祭典》，頁242、249、257。

東港東隆宮的迎王祭典籌備制度以 1973 年癸丑科作為分隔，大總理的推選方式原為抽籤，在 1952 年後改為地方七角頭推派人選輪流擔任。癸丑科則是最後一屆大總理制，祭典主要經費來源是各家各戶題緣金捐獻及迎王期間所得（從請水之後算起的香火錢、金牌與捐款），總收入歸大總理，若是經費短缺，大總理或廟方視情況補貼。然隨著物價逐年上漲和祭典規模的擴大，各項經費支出增加，使得擔任大總理一職備感經濟壓力，因此廟方便和地方角頭協議改制，成立平安祭典委員會，由委員會統籌經費籌措與開支，同樣也是依賴題緣金、香火錢及捐款作為主要收入。為因應經費龐大的問題，以王船為例，紙糊王船造價約為五萬元，改為木造後，初期由王船組自行籌措材料費，後自 1988 年戊辰科改為提早製作王船，並開放讓信眾參拜，並將捐款與香火錢用以支付製作費用[26]。

根據東隆宮官方出版品《東港迎王——東港東隆宮丁丑正科平安祭典》所述，早期東港紙糊王船主要由蔡氏一家三代負責（蔡顏、蔡清溪、蔡水諒），然紙糊日益昂貴，1970 年庚戌科造價已達四萬餘元，該數字相較於同時期平均國民所得約一萬多元[27]來說實屬非常昂貴。因此考慮到東港木造漁船工藝發達，地方上的造船師傅於是熱心發起，義務參與木造王船的建造工程[28]。陳淑華與蔡東祐合著之〈東港王船沿革與承造工法保存調查〉更詳細地提及國際能源危機引發通貨膨脹，紙糊王船造價高漲，癸丑科大總理謝丙寅先生提議，東港造船爐（造船工友會）的造船師傅附議，由造船爐中的造船師傅輪流擔任義

東港迎王的王船為全台之最。（劉家豪攝）

工，共同打造木製王船[29]。同是東隆宮官方出版品的《東港迎王平安祭典木王船工藝》寫到紙糊王船改為木造的主要原因是因為第一次石油危機影響，使依賴原油進口的臺灣原物料大漲，並依據訪談東隆宮前總幹事林文誠先生認為，紙紮漲價造成大總理的煩惱，於是有造船師傅便提議：東港造船師傅很多，只要大家不支薪義務幫忙，就能轉為建造木造王船了，木造王船那麼大，質感當然跟紙糊的差很多。

上述文獻紀錄容易使人連結解釋為「因石油危機導致的物價上漲，考量紙糊王船與木造王船造價相近，因此改為木造」，可是，第一次石油危機和癸丑科迎王皆是 1973 年 10 月之後發生的事[31]，以王船建造約三個多月的時程推算，並考量第一次建造需從頭摸索，應會花費更多時間，該科王船不太可能在舉辦活動的當月、或是前一個月才開始建造。

王船遶境同時也在為地方信眾收驚祭改。(劉家豪攝)

註26　李豐楙，《東港迎王──東港東隆宮丁丑正科平安祭典》，頁74-76。

註27　行政院主計處，《中華民國臺灣地區國民所得統計摘要》，頁1。

註28　李豐楙，《東港迎王──東港東隆宮丁丑正科平安祭典》，頁99-100。

註29　陳淑華、蔡東祐，〈東港王船沿革與承造工法保存調查〉，頁201。

註30　蔡誌山等，《東港迎王平安祭典木王船工藝》，頁166-167。

註31　據《東港東隆宮癸丑正科平安祭典秩序冊》資訊所示，該科於1973年十一月七日至十一日（農曆十月十三日至十七日）舉辦為期五天的祭典活動。

註32　林怡君，〈屏東迎王平安祭典研究-以屏東縣東港、小琉球、南州三地為例〉，頁200-201。

註33　蔡誌山等，《東港迎王平安祭典木王船工藝》，頁118。

註34　鄭華陽，〈從專案管理看東港迎王祭典王船建造──以東隆宮乙未正科王船建造為例〉，頁29。

東港迎王自清末以來變動過多次活動日期，日治時期迎王多於農曆三月舉辦，活動歷時三天，1907 年不知何故改於六月舉辦，但擔心天氣過於炎熱而預定延期至八、九月後，後於十月間舉行，亦有一傳聞是當時九、十月漁民收穫不佳，等到迎王過後果然漁獲大增[32]。1937 年因二戰而停辦後直到 1952 年才又再次開始舉行迎王祭典，之後每三年一次，日期約落在農曆八到十月[33]，活動時程也逐步增加，1967 年丁未科增為五天，1976 年丙辰科增為六天，1982 年壬戌科增為七天，1988 年戊辰科增為八天[34]，直至 2021 年辛丑科，祭典天數仍是維持八天七夜。為方便閱讀理解脈絡，整理表格所示：

東港迎王牽船遶境後旋即進行送王船相關科儀。（劉家豪攝）

1907-1988 年東港迎王制度與活動時長演變表[35]

年代	紀元	科別	制度	日期	活動時長
1907 年	明治四十年			11/26-11/28	三天
未有紀錄					
1925 年	大正十四年			5/8-5/10	三天
1931 年	昭和六年			5/4-5/7	四天
1934 年	昭和九年			5/28-5/30	三天
1937 年	昭和十二年			4/24-4/25	兩天
1940-1949 因戰時與戰後蕭條停辦					
1973 年	民國六十二年	癸丑	大總理制	11/7-11/11	五天
1976 年	民國六十五年	丙辰	委員制	10/23-10/28	六天
1982 年	民國七十一年	壬戌	委員制	10/20-10/26	七天
1988 年	民國七十七年	戊辰	委員制	10/19-10/26	八天

註35　由筆者整理自鄭華陽，〈從專案管理看東港迎王祭典王船建造——以東隆宮乙未正科王船建造爲例〉，頁 29；蔡誌山等，《東港迎王平安祭典木王船工藝》，頁 118、130；班頭心情記事部落格，https://blog.xuite.net/tkjasoncha707/twblog（2023.4.10徵引）。

另一個問題是，如果當時社會經濟狀況呈現的是萬物齊漲，原本就較為昂貴的木料價格應會更高，將紙糊轉為木作並不划算。據《東港迎王平安祭典木王船工藝》中的推測，因紙糊王船價格上漲，對大總理來說是個負擔，因此由木造船師傅統籌承包，改為木造的同時也不支薪，且木材大多一次進大批貨，當時東港木造船產業興盛，木料取得方便，加上木料部分有信眾指定捐款，倒也能減輕費用上的負擔。[36]

東港文史工作者陳進成認為，雖然第一次石油危機爆發之前物價已有逐漸上漲跡象，但當時：

> 臺灣控制石油價格啊，其實受影響只是其他的像塑膠類的，你漁船、車油（指漁船引擎使用的柴油）什麼這都政府管制很牢嘛，所以說那時……而且那時候的造船業正興盛，所以你看東港和琉球這些造船師傅，有些人就搬去高雄、旗津，有些人搬去蘇澳、南方澳，這都是討海的地方，你一定要有造船的啊！[37]

因留下的相關紀錄甚少，若以相應的時程估算，筆者認為較有可能的發展歷程應是：隨著祭典活動時間的拉長與規模擴大，大總理一職所需負擔的費用增加，加上紙糊王船造價抬升，使得擔任大總理職位備感經濟壓力。當時東港木造船產業正興盛，木造船師傅所屬的東港造船爐（造船工友會）附議癸丑科大總理謝丙寅之提議，將紙糊王船改為由師傅們義務參與製作木造王船，如此便能直接減輕成本壓力。義務參與的運作方式為每人參與三天，由於木材多為

一次大量買進，早期也多由造船師傅自行籌措備料，並不會即時反映在成本上，進而達到減輕大總理負擔的目的，在此科之後也由原先的大總理制改為委員制，經費統一由祭典委員會處理。此外，即便1973年之後因兩次石油危機導致物價浮動，但已擲筊得到東隆宮溫府千歲應允而改為木造王船一事，無法輕易改回紙糊，而木造漁船產業在接下來幾十年內逐漸衰微，王船反而轉化為宗教藝術，成為保留日式木造漁船工藝的載體。

至於製作王船的經費部分，東隆宮作為東港鎮最主要的宮廟，大部分收入來源為迎王祭典時信徒捐款以及各地香客捐獻的香油錢，且因媒體的報導帶來更多外地人的參與，帶給東隆宮很多利益。但因東港王船組本身的義務性質，廟方除了負責木材部分的支出以及聘請彩繪匠師外，並未提供其他補助，直到2021年辛丑科才開始供應午餐與下午點心，且另外撥出三萬塊作為修理器械的開支與其他雜支，若不足再寫收據另外跟廟方報帳[39]。

二、小琉球王船組建立背景

同屬東港溪流域的小琉球脫離東港七角頭後開始自辦遶境，後前往南鯤鯓進香，因臺南無極混元玄樞院的混元法舟漂流至小琉球杉福村岸邊，1982年壬戌科建造首艘木造王船作為三隆宮鎮座王船，1985年乙丑科正式建造儀式用的木造王船[40]。

早期小琉球造船廠有三處[41]，因1970、80年代許多琉球鄉親移居東港、鹽埔從事造船業，1985年乙丑科時白沙尾角參事理事建議何不委託造船師傅

協助建造王船,故比照東港王船組建制,委請人稱「老可伯」的蔡萬可先生擔任組長。老可伯原即從事木造船產業,小琉球池隆宮、水仙宮、三隆宮鎮座王船皆出其手筆,兩科之後的1991年辛未科老可伯以年邁為由辭去組長一職,由「讚伯」王天從先生出任組長,讚伯亦從事造船業,原無意接任,在其徒弟「決仔」蔡文化鼓勵下掛名出任,負責製作船帆,指揮工作交由蔡文化代為發落。當時蔡文化已於東港擔任東隆宮王船組組長之職,此科亦向三隆宮三府千歲請示,將小琉球王船形制改與東港相同,只有尺寸上大小之別。2000年讚伯以歲高辭組長,由蔡文化接任至今[42]。

其製作王船的經費來源和東港東隆宮稍有不同,老可伯擔任組長製作第一艘木造王船時,是以向王船組組員募資的方式分擔建造成本,若有不足之處再跟小琉球三隆宮請款。1985年當科迎王結束後,王船添儎共收入一百六十多萬元,當時的總幹事蘇豐原先生認為同樣是為王爺付出心力,不能使王船組吃虧,點算金額後便撥出三十多萬還王船組,剩餘經費作為下一科王船製作經費,並另外撥五萬塊作為共同基金,放在銀行生利息,此外也會在迎王結束時的宴會宴請王船組成員,以十個人為一桌計算,作為王船組製作王船的犒賞[43]。

由此可知,東港與小琉球兩地王船組雖各自獨立運作,廟方對經費的運用也有所差異,但兩者發展背景多所雷同,主要皆是由木造漁船師傅義務參與組合而成。因小琉球王船因尺寸較小,故組織也相對簡單,最高職位僅至組長一職,組長蔡文化同樣身兼東港迎王祭典設計科科長,是兩地王船組的主要主導人物。

小琉球代天府前遷船，準備送王離境。（劉懷仁攝）

註36　蔡誌山等，《東港迎王平安祭典木王船工藝》，頁167-168。

註37　陳進成，訪談於2023年。

註38　康豹，〈戰後王爺信仰的演變〉，宋光宇編，《臺灣經驗：二、社會文化篇》（臺北：東大圖書，1994），頁164-165。

註39　蔡文化，訪談於2023年。

註40　鄭華陽，《字繪琉嶼：琉球信仰側記》，頁83。

註41　據蔡文化所述，現靈山寺旁有一處造船所，內港（現老人會）有一處，另一處則為他大姑丈所開設，位於現在琉球檢查哨旁。

註42　鄭華陽，《船心·傳藝：乙未正科王船建造紀錄手冊》（屏東：自印，2015），頁25。

註43　蔡文化，訪談於2023年。

三、王船組組員的組成

　　自 1973 年癸丑科東港迎王祭典由紙糊王船改為木造王船後，隨著組織改制以及祭典規模逐科擴大，祭典委員會運作所需經費逐漸增加，起先由王船組自行籌募材料費用的部分開始無法應付，因此自 1988 年戊辰科開始，東港木造王船便提早製作，完成後開放民眾參觀，並於王船寮販賣天庫紙錢，以此獲得香油錢或捐贈，補足短絀的製作費用。因適逢臺灣經濟的成長以及本土民俗文化漸受重視，每次祭典籌備至落幕的總金流皆約近千萬元[44]，足以打平王船製作材料成本及相關費用。

　　東港王船組作為一任務型組織，隸屬於祭典委員會設計科之下，設計科工作繁雜，包含迎王期間王府的裝設佈置、境內電燈燈籠與播音設備設置、慶典

蔡文化組長與核心幹部

期間臨時派出所搭設、電器維修、各項文宣設計、建造管理王船等。由於此科別劃設邏輯傾向將與「設計」一事相關業務全納入其中，因此旗下的電氣組、設計組、王船組及船帆組在運作上並不互相隸屬與干涉，負責製作王船部件之一的船帆組主要由蔡財安先生負責，和王船組之間關係較緊密。

東港迎王祭典委員會之下的各組以及職位並非固定不變，而是會依照每科需求而有所擴張變動，如 2003 年設計科便增設了「王船執行長」一職，方便統籌規劃王船建造工作[45]。但因兩組組員皆為義務參與，並無額外領取報酬，為了妥善祭典籌備，同時也為獎勵熱心參與付出的成員，在未領取報酬的情況之下，義務參與程度越高且工作表現傑出者，參與投入的程度因而成為組織中位階高低的主要編排依據，便有機會得到組織授予的榮譽頭銜，如各科別皆有數名「副科長」，王船組中也有多位「副組長」，因此工作分配上並未完全劃分清楚，時會出現部分職務重疊之處。

因船帆組是從王船組中分出，工作內容同是和王船的製作有關，兩組之間關係較為緊密，而現任船帆組組長蔡財安與設計科科長蔡文化皆為屏東縣文化資產保存技術及保存者[46]，且皆受已歿的前設計科長謝春成推薦[47]，前後進入東港東隆宮董事會擔任董事至今[48]。

註44　李豐楙，《東港迎王——東港東隆宮丁丑正科平安祭典》，頁75-76。

註45　鄭華陽〈從專案管理看東港迎王祭典王船建造——以東隆宮乙未正科王船建造為例〉，頁53。

註46　國家文化資產網，〈東港迎王平安祭典—實木王船船帆製作技術〉，https://nchdb.boch.gov.tw/embed/assets/overview/ptp/20180726000003（2023.09.13徵引）。

註47　黃貴燦，訪談於2023年。

註48　東港東隆宮官方網站，https://www.66.org.tw/m1_file/detail.php?id=1&mid=2&category=x&nid=11（2023.09.13徵引）。

然雖迎王祭典籌備活動皆為義務參與，但相較於其他組別，王船組加入門檻更高，首先是傳統認為女性不適合進到船廠從事繁重工作，因此限制女性不得參與；再者則是要求王船建造期間執行長與組長需全程參與、副組長參與至少一個月、一般組員須參與三天，若是組員因工作或私事無法在王船寮待滿完整的一天，也可以拆分成半天計算，最後湊滿三天即可。

　　之所以會有這樣的規範，主要是因為早期王船組人力充沛，年輕的木造船師傅人數極多，在東港、琉球、高雄三地工作並願意參與王船建造的一百六十多個師傅每個人只需義務幫忙三天，王船施作進度便幾近完成，而達成三天的時數要求後，師傅們便能再去其他地方工作賺錢。但也因為造船師傅義務幫忙

時，仍需外出工作負擔自身經濟壓力，早期組長多為掛名，並不會全程參與製作[50]，直至主要負責施作的木造船師傅多半退休之後，組內才開始要求某些特定職位如執行長、組長需參與其職位對應的時數。

然而也因為參與時數的規範，建造期間時常出現「組員雖已達成參與三天的標準，但實際工作量極少的狀況」，甚至發生過所有組員都已參與三天，但王船建造進度仍嚴重落後之情事[51]。為了在參與成員皆為義務性質的前提下，於期限內完成所有事宜，整體進度規劃及監造的責任便集中在幹部職位上，若出現特殊狀況亦能應付，也因此作為王船組核心成員的設計科科長、執行長與組長皆由木造漁船造船師傅出身者擔任。

此外，為求行事周全，需先後擔任過王船組組長、王船執行長、副科長等職位，才能獲得選任為設計科科長的資格，如謝春成、蔡文化皆是以此經歷獲選為設計科科長，並在任職期間親身進到王船寮監工與施作。

東隆宮祭典委員會設計科組織架構圖[49]

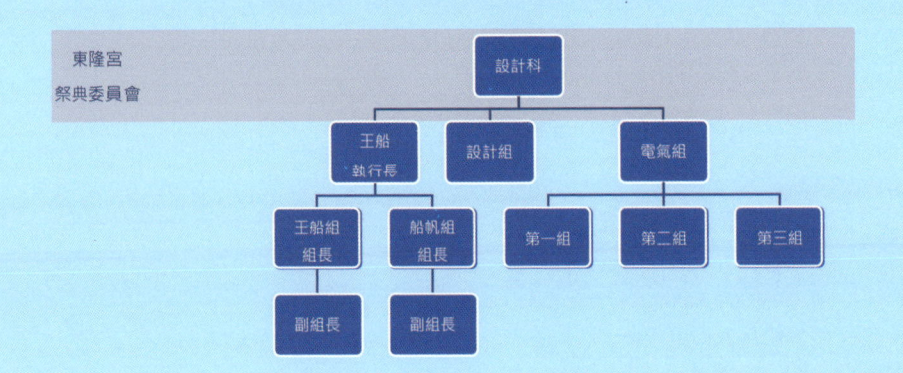

```
東隆宮祭典委員會
    └── 設計科
         ├── 王船執行長
         │    ├── 王船組組長 ── 副組長
         │    └── 船帆組組長 ── 副組長
         ├── 設計組
         └── 電氣組
              ├── 第一組
              ├── 第二組
              └── 第三組
```

2021 年辛丑科東港王船組名單上所錄的成員（包含設計科科長與王船執行長）共有 72 人，然而王船組核心以外的一般組員之間的關係並不緊密，若非同為木造漁船師傅而彼此認識，或是出現次數頻繁而足以被認出，彼此關係實際上非常疏離，不僅互相不認識，甚至在建造期間從未見過面也是稀鬆平常。若是在大總理宴請王船組或王船開光等相關場合碰面，也頂多只是「面熟」，並不清楚對方姓名、來歷等資訊，所以大多會用組員外顯特徵或出身背景指稱。以筆者親身參與的 2024 甲辰科王船建造期間為例，有三位時常差不多時間出現的組員便被稱為「三兄弟」，或另一位職業是水電工的新進成員來自龍泉，因此被稱為「龍泉的弟弟」，但因為他忘記留下聯絡方式，其他人也無法聯絡他參與其他相關活動，甚至沒辦法將他放進王船組的名冊中，足見王船組的組成結構各方面皆相當鬆散。

　　相較之下，小琉球王船組雖規模較小，成員僅有 50 人，且並無再分出「船帆組」，船帆部分交予「排仔」魏春隆與其弟魏春林等家人負責，其他成員之間或許稱不上極為熟識，但彼此之間卻因小琉球地緣產生的聚落、姻親、工作等關係而皆知悉對方背景，是相對較小卻緊密的組織。

　　根據上述基礎，可再分別以「專業程度」、「組員出生地」及「親屬關係」歸類出兩地王船組組員的三個不同面向。

註49　資料整理自東港東隆宮祭典委員會，《2021辛丑正科東港東隆宮迎王平安祭典專輯》，頁118-123。鄭華陽〈從專案管理看東港迎王祭典王船建造——以東隆宮乙未正科王船建造為例〉，頁56。

註50　謝春長，訪談於2023年。

註51　蔡文化，訪談於2023年。

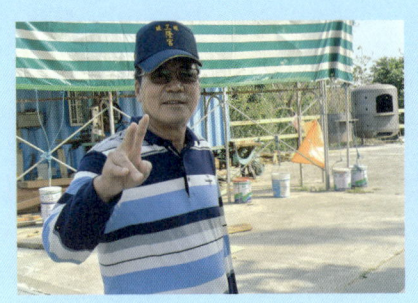

王船組組員們平時面對鏡頭都很低調又羞澀。

（一）、專業程度

若以專業程度來劃分王船組內部成員，可分為木造漁船師傅、玻璃纖維船師傅、木工、雜工，其主要工作內容如下：

王船組成員專業程度劃分表[52]

成員	重要程度	工作內容
木造漁船師傅	最高	負責船體結構、船身外版、桅杆、船舵等主要部件，幾乎所有王船建造上的內容進度皆由木造漁船師傅主導施作。
玻璃纖維船師傅	次高	負責鋪設甲板、墊板、縫補、打磨等專業性較低一些的部分，多以協助木造漁船師傅工作為主。
木工	第三	平時職業為裝潢木工等的工匠，主要負責王船上五王厝、王船公厝的搭建，以及其餘需木工專業的部件。
雜工	最末	多為無專業性的自發鄉親，處理各項雜事，如傳遞零件、搬運、鎖螺絲、固定黏著、補土、打掃等，協助上述三種成員的工作進行。

由此可知，王船建造的主要核心成員是為木造漁船師傅，並向外延伸，在另外三類成員的加入與協助下，擴展成現有的王船組規模與工作模式。

(二)、組員出生地

　　1985 年乙丑科舉辦迎王祭典時，小琉球才正式建造自己鄉內的木造王船，和 1973 年便改為木造王船的東港迎王相差了十二年之久，也因為如此，小琉球王船組組員多為出生琉球的東港王船組成員，其成員於東港參與建造後，將相關知識技術及細節複製移轉至小琉球的王船施作上。以《2021 小琉球三隆宮辛丑正科迎王平安祭典工作手冊》[53] 對照《2021 辛丑正科東港東隆宮迎王平安祭典專輯》[54]，小琉球王船組 [55] 成員共 51 位，與東港王船組重複的組員共有 28 人，其中有多位幹部同時是兩地成員，表格參照如下所示：

小琉球王船組與東港王船組幹部對照表 [56]

姓名	東港王船組職位	小琉球王船組職位
蔡文化	設計科科長	組長
蔡瑞發	設計科副科長	副組長
王全清	王船組副組長	副組長
黃進財	王船組副組長	副組長
陳明益	王船組副組長	副組長
陳金餌	王船組副組長	副組長
潘鳳得	王船執行長	組員

　　另值得一提的是，不僅兩地王船組有諸多組員重複，東港王船執行長潘鳳得雖為東港人，但在小琉球王船建造期間，亦會撥空前往幫忙，是少數小琉球王船組內的東港人成員。而 2024 年甲辰科因蔡文化需統籌趕工王船文化館所

需的觀賞用王船，也特別邀請謝春長等其他東港師傅前往小琉球幫忙建造王船。

而上述這些幹部皆為木造漁船師傅出身，且佔了東港王船組一半以上的幹部職位，加上蔡文化同時身為兩組領導人，也因此時有東港王船組製作王船大多由小琉球師傅主導的說法出現[57]。

（三）、親屬關係

除職業與地緣外，王船組內成員之間亦存在親屬關係，多為職業類似的父子或兄弟，因其中一人加入王船組，有親緣關係的另一人也會加入，其類別整理表格如下：

東港王船組成員親屬關係整理表[58]

編號	姓氏	關係	備註
1	王氏	父子、叔姪	小琉球籍，其親族共四人。
2	王氏	父子	其親族共兩人，與另一組王氏同姓氏，但彼此無親緣關係。
3	陳氏	兄弟	小琉球籍，其親族共兩人。
4	蔡氏	兄弟	小琉球籍，其親族共兩人。
5	謝氏	兄弟	其親族共兩人，但因其兄已歿，故已不在王船組名單之中。

在此五組共十二位具親緣關係的成員裡，關係之中的父執輩與兄弟全是傳統木造漁船師傅，而即便更年輕一代的子侄輩並未從事造船相關產業，也會加入王船組共同參與王船建造。

綜上所述，東港東隆宮迎王祭典委員會旗下所屬的王船組作為一任務型鬆散組織，其組成以來自東港與小琉球的傳統木造漁船師傅為主導核心，除核心成員及其親屬之外，也向外擴展吸收玻璃纖維船師傅與木工，以及由一般鄉親構成的雜工，雖諸多組員之間關係並不緊密，但目前組員人數仍有 70 名左右的規模，足以在祭典舉辦的前一年完成王船施作。

而身為王船組核心的傳統木造漁船師傅們在組織草創之初，多為東港造船爐成員，造船爐與東港東隆宮溫府千歲關係深遠，東港地區現存許多以相同職業組成、並共同輪值神尊香爐的神明會團體，如賣菜爐、豬肉爐、做餅爐、討海爐等，1964 年東港造船師傅發起設立「東港溫府千歲造船爐」，亦稱為「造船工友會」[59]，王船組師傅則習慣以臺語稱之為「王爺爐」，是以共同職業起始的神明會組織，為求指涉明確，以下皆統一以「造船爐」稱之。

因東港地區造船師傅多信奉溫府千歲，因此造船爐主要祭祀對象同為東港東隆宮溫府千歲，目前組織內共有五個職位，分別是一位爐主與四位頭家，每年輪值一次。爐主負責保管和奉祀溫府千歲神尊和刻有「東隆宮溫府千歲」、「歲次戊申年陽月置」、「東港造船工友會」三組文字的葫蘆狀香爐，頭家則各別負責四支令旗的其中一支，並固定每年「跋爐（puah-lôo）」，依照擲筊的桮數多寡，決定隔年由誰擔任爐主與頭家，負責組織運作。據黃貴燦所述，幾十年來

每次擲筊決定爐主時皆無成員重複,但即便如此,仍有許多老一輩成員私下抱怨還沒擲到爐主便已年老體弱,或某某成員已過世而未能享有此殊榮實在可惜[60],現任東港王船組組長謝春長亦有類似說法,表示無論成員或外人皆對於爐主不曾重複一事感到不可思議[61]。此外,也有許多現已長住高雄,年事已高卻仍每年南下東港參與聚會的成員。

　　選出頭家爐主後,造船爐每年固定於農曆十一月初四於東港東隆宮共同朝拜,並於東港東隆宮廟埕前搭戲臺演歌仔戲酬神,參與者必須「簽股份」──即認購「股份」,才能參加辦桌宴客,一股價格為一千三百元[62],每股包含辦桌時的一個位置、每年所訂做的衣服一件與壽桃一顆。若購買的股份超過一份,則依照所購買股數類推相應數量,認購股份越多,便能帶更多的人前來參與辦桌宴客並得到更多衣服與壽桃。

　　造船爐成員早期參與人數約莫八十多人,無論所學專業為木造船還是玻璃纖維船,只要是從事造船產業皆可加入其中。創立初期成員全數是木造漁船師傅,但因為時代演變,木造漁船逐漸淘汰,現在主要成員為玻璃纖維船師傅,也開放婦女與其他行業的人申請參與,並無特別限制[63],截至 2023 年,參與成員已近三百位左右。

　　之所以會逐漸開放婦女以及其他行業的人參與,主要是因為造船爐開放入股的時間多為東港王船建造完成之後的開光日,全東港同時從事造船產業與參與王船製作的人們皆會聚集於東隆宮廟埕的王船寮參與活動,在造船爐負責人收取股份時已預設有意願參與者皆是與造船相關之人,並不會仔細查明參與入

股的申請者是否眞爲造船行業出身，僅會要求留下姓名電話，在跋爐時詢問是否參與頭家爐主的選拔，以及通知參與宴客聚餐。

因近年來許多老一輩的木造漁船師傅已相繼離世，以及王船開光活動規模逐年擴大，在報名入股造船爐時，有意願參與的非造船人士比例也漸漸提高，許多在王船組內擔任雜工的東港鄉親亦會參與其中，造船爐便漸漸不再是純然由造船師傅組成。

註52　資料整理自鄭華陽，〈從專案管理看東港迎王祭典王船建造──以東隆宮乙未正科王船建造爲例〉，頁60。

註53　三隆宮迎王平安祭典會，《2021小琉球三隆宮辛丑正科迎王平安祭典工作手冊》（屏東：小琉球三隆宮，2021），頁31-32。

註54　東港東隆宮祭典委員會，《2021辛丑正科東港東隆宮迎王平安祭典專輯》，頁122-123。

註55　小琉球王船組並未另外拆分出船帆組，以副組長魏春林先生爲首及其家眷負責船帆部分，也因此雖同樣限制女性參與，但小琉球王船組內包含2位女性成員。

註56　資料整理自三隆宮迎王平安祭典會，《2021小琉球三隆宮辛丑正科迎王平安祭典工作手冊》，頁31-32。東港東隆宮祭典委員會，《2021辛丑正科東港東隆宮迎王平安祭典專輯》，頁122-123。

註57　陳進成，訪談於2023年。

註58　資料參考：東港東隆宮祭典委員會，《2021辛丑正科東港東隆宮迎王平安祭典專輯》，頁122-123。

註59　陳淑華、蔡東祐，〈南澳與東津：東港王船形制與歷史溯源之研究〉，《文化資產保存學刊》第61期（2022），頁47。

註60　黃貴燈，訪談於2023年。

註61　謝春長，訪談於2023年。

註62　2023年每股所收金額爲1300元，據蔡文化所述，2022年的爐主將每股金額調漲至1200元，在此之前都是每股1000元。

註63　蔡文化，訪談於2023年。

四、王船組造船師傅的生命經驗與文化意識

　　1960 年代木造漁船產業開始蓬勃發展，當時因教育條件較差，許多人小學畢業後便出社會學習一技之長，木造漁船匠師的培育和過往生命經驗不僅直接影響木造王船的出現，也間接展現在王船組成員的身上，以下將分別論之：

（一）學徒制度

　　延續日治時期舟大工的師徒制，東琉兩地木造漁船師傅多採此種方式學習造船技藝，但此師徒制並不十分嚴謹，多是托熟識造船師傅的人前去詢問是否有意願收徒弟。若師傅願意，徒弟便會跟在師傅身邊，師傅承攬建造案時共同參與製作，但也因此師徒制度多是口頭允諾，學徒同時在好幾位師傅旗下學習是可能發生的情形，如黃貴燧便曾拜三位師傅為師[64]。

　　傳統說法認為拜師學藝需跟隨師傅學習三年四個月，且因為學徒是去學習足以養活自己的一技之長，此段期間並無相應收入。以木造漁船師徒制為例，頂多每個月師傅支付十元給學徒作為生活費用[65]，但木造漁船師徒制的學藝期

並未嚴格界定需達到三年四個月，這段期間師傅本身不會特意去教導技藝，而是需靠學徒在一旁觀察自學。之所以會出現這種狀況，一來是因為師傅本身仍然以完成業主案件為主，並無多餘時間能夠顧及學徒，且師傅們自身擔任學徒時便是以此模式學習技藝，並不會得到師傅的額外指導。再者則是製作木造漁船多由師傅向業主承包案件的模式，學徒學成之後，對師傅來說反而是增加競爭對手，因此並不太會無私傳授自身技藝。

因缺乏生活費以外的工資，學徒在拜師兩三年後自認為學已專精，便會開始與其他匠師搭夥接案，若接到案件，業主支付費用時多先支付「中工」[66]，等到業主認為此人技巧工法足以媲美其他師傅，便會支付「大工」，此費用也代表學徒已出師，足以獨當一面[67]。

因身為學徒的時間未固定，且每個人的技術好壞有所差異，因此師傅與即將自立門戶的學徒之間界線並不精確，且即便出師後，師傅之間的技術差異也相差甚大。黃貴燧便認為工藝技術需靠個人的優劣需靠施作者的領會和理解，若是不多加思考，即便出師幾十年仍然無法達到相應的水平[68]，而據謝春長所述，好壞的差異源自於自身眼光，以及是否能掌握社會大眾的審美標準，並非自己認定「美」即可[69]。

無論師傅和學徒的技藝高低如何，當業主（多稱為頭家）或船長需要建造新的漁船時，便會先找人來分擔「股份」，作為建造與出海成本支出的同時分配投資者的收益多寡。且不管新船未來的擁有者是頭家還是船長，許多時候身兼股東的船長會先在造船師傅們的群體裡四處探聽某某人的工作效率較好、誰的

技術較高明、誰用料較實在，等探聽到合適人選後，再找對方一起談論工作細節。

開會討論並確定好工作內容細項後，造船師傅便會和平常一起搭工的師傅參與建造，此工作小組的人數並不固定，但多是兩三位師傅搭配一到兩位學徒，平均完成一艘漁船的工期約三到五個月不等。

而此種學徒制度間接影響王船組核心成員的思考模式，認爲施作王船時的工作態度與建造木造漁船時大同小異，在王船建造期間，身爲師傅的王船組核心成員多會專心在手邊的工作，不會多花時間教導其他人細節。而無專業能力的雜工則隨侍在旁，準備好螺絲、鐵釘或電刨、電鋸等各項工具供師傅使用，若有空閒便搬運木料、整理船廠環境，其工作內容正如學徒一般，負責支援師傅。

註64　　黃貴燈，訪談於2023年。
註65　　謝春長，訪談於2023年。
註66　　指中等工資，介於學徒「小工」與師傅「大工」之間的薪水級距。
註67　　謝春長，訪談於2023年。
註68　　黃貴燈，訪談於2023年。
註69　　謝春長，訪談於2023年。

(二)相互支援的搭擋制度

因承包案件之後多由二到三位師傅及一兩位學徒共同製作漁船,彼此之間便會形成類似工作小組的關係,其中一位師傅接到案件後,會第一優先找組內成員處理業主案件。此種方式既能增加工作機會,也能確保工作的來源,但也因此使不同的搭擋組合之間產生競爭關係,導致偶而會因此發生摩擦。此外,搭擋之間的合作關係也非絕對固定不變,而會依照不同案件與時機有不太一樣的組合模式。

當需要建造新船的案主探聽好適當人選後,在和師傅們商議工作細節時多在飯局上進行,若案主正好也喜歡喝酒,許多時候兩三杯黃湯下肚,便會確定將工作交派給師傅們。為了得到更多機會,以及在同事之間展現豪氣,許多師傅皆善於喝酒,但同樣地,也有許多師傅因飲酒過量而身體出現狀況甚至因此肝硬化過世[70]。

而此搭擋制度在王船組成立後發揮了另一種效用,當小組內的其中一位師傅前往王船寮義務參與王船建造工程時,其他在外工作的搭擋便能繼續接案以維持案件來源,雖對參與王船組的師傅來說收入可能因此短缺,但也不至於使案主在王船建造的期間另尋他人,導致未來失去工作機會。以蔡文化為例,其搭擋便是東港王船組副組長兼小琉球王船組副組長陳明盇,蔡文化擔任東港王船組組長時需花費大量時間於王船寮中,便由陳明盇在外承包工作。此外,王船組執行長潘鳳得和已逝前設計科科長謝春成也曾為合作夥伴。

此制度促使了師傅之間的關係親疏不同,因王船組核心成員目前皆已是退

休狀態,至少參與三天的王船建造期間,年輕時的工作搭擋時常一起出現,熟悉彼此工作習慣之餘亦有助於提高施作效率。

(三)建造環境

和建造王船不同,早期建造木造漁船時並無搭建棚架遮蔽陽光,且河岸或海岸邊並沒有堤防分隔,在岸邊造好漁船後,需等到初一十五逢大潮時,將船以人力扛上 kō-káu[71] 後,將 piànn-soh[72] 綁在船頂絞緊固定,以防船隻入水後飄走,並以延伸入海的長條形翹板擋在岸邊防止 kō-káu 落入水中,等海水上漲時,再一口氣將漁船推入水中。

也因為建造木造漁船時並無遮蔽,烈日下體力流失快,工作時高度要求效率和體力,環境較為嚴苛,許多木造漁船師傅正值青壯年時期便會因身體無法負荷而轉行,未轉職的師傅們因經年累月的習慣使然,進到王船寮中施作王船時仍對工作效率有一定要求[73],下達工作指示也較直接,且每位師傅皆能獨立作業,雖仍可能發生參與三天期間進度緩慢的狀況,但幹部通常會負責敦促或從旁協助,確保建造過程順利。

綜上所述,木造漁船師傅因其生命經驗與工作習慣,將建造木造漁船時習以為常的師徒制度、搭擋制度帶入王船寮中,也因以往工作習慣而講求效率,因此東港溪流域的王船不僅有著漁王船的外型,其建造者來源與施作習慣皆是從木造漁船產業而來。將匠師的自身專業結合王爺信仰,改良臺南地區的王船外觀,製作出全臺僅有的碩大木造漁王船。

雖然 1960 年代開始東港木造漁船產業興盛，但並非所有木造漁船匠師皆願意義務投身木造王船的製作，願意參與者多是因為正好在東港、鹽埔工作，有空閒時便和其他工作夥伴一同加入王船組。以蔡文化個人經驗為例，1973 年及 1976 年建造第一與第二艘木造王船時他並未參與，直到 1979 年建造第三艘時才正式以王船組組員身份加入其中。

蔡文化因本身對待工作的態度十分嚴謹認真，時常天未亮便前往造船場地施作，甚至因發出器械噪音而被附近鄰居開窗吼過，因而得到其他師傅戲取的「拼命三郎」與「亞洲鐵人」稱號[74]。再經過三科迎王後，1991 年辛未科蔡文化受到組內眾人推薦，成為王船組組長，在此之前他已擔任副組長一職，但蔡文化起初推辭不就，一來是東港鎮內有許多前輩和師傅，他年紀尚輕，頂多在一旁幫忙；再者則是因為自己是小琉球人，來自「外鄉」，即東港以外的鄉鎮，因此沒有資格擔任東港王船組的組長一職，但在眾人一致推薦認同下，最終無法推辭而接下組長一職，並由已逝前設計科科長謝春成從旁提供幫助[75]。

擔任組長之後，據蔡文化自述，即便每位組員義務參與建造王船三天，也時常出現施作進度不足的狀況，但也因建造王船是「義務參與」，接任組長職位後也難以確實要求組員參與程度，因此他便決定自己一人加快施作速度，時常一大早便進到王船寮準備，盡快趕工完成以便交付給彩繪匠師[76]。不僅如此，蔡文化對施作品質的要求也較高，認為應該和平時建造漁船時一樣標準，特別是王船是要獻給神明的，不能因為最終會火化燒掉而不當一回事，雖建造時也會出現質疑的聲音，但蔡文化仍舊有所堅持，並進一步以幹部的身份要求王船組的其他組員[77]。

蔡文化這方面的堅持在王船組造船師傅間已習以為常，而此意識與做法延續至建造 2024 年甲辰科東港王船建造，建造期間表定七點半上工，時常七點不到蔡文化便已獨自一人至王船寮準備工具器械。

1985 年乙丑科小琉球亦開始獨立建造王船，2000 年蔡文化接任小琉球王船組組長 [78]，若以 2024 年為界，蔡文化至今已參與建造 16 艘東港王船、14 艘小琉球王船 [79]。與蔡文化差不多歲數的東港王船組執行長潘鳳得自 1973 年便參與建造第一艘木造王船，即便在玻璃纖維船興起後轉至宜蘭從事廟宇工藝，每科迎王仍固定回東港參與建造；東港王船組組長謝春長 1973 年時因正在當兵未能參與，1976 年正式加入王船組，五十年來不曾間斷。

此三位王船組核心成員同時也是造船爐的成員，據謝春長所述，他們這幾位成員幾十年來皆是溫府千歲的虔誠信徒 [80]，且每年皆熱衷於跋爐，但除了謝春長於 2021 年擲到爐主以外，蔡文化與潘鳳得皆尚未擔任過爐主。即便木造漁船產業由盛轉衰後，許多造船師傅轉為廟宇工藝與裝潢木工，選擇繼續留在木造船產業的師傅則從事漁船維修。即便已不再建造木造漁船，此群體仍在信仰的支持下持續至王船組義務建造王船，且多將「來（王船組）是為了幫王爺公的忙 [81]」掛在嘴邊，甚至是為了獲得組長與副組長的頭銜相互爭吵，其動機多是為了能更加親近王爺公身邊，希望能得到神明眷顧 [82]。

而東港王船組副組長黃貴燈的年齡較其他師傅小十多歲，據其自述，之所以花較多時間參與王船建造並不全然是信仰的緣故，而是為了珍惜與老師傅們相處的時光，因此從好幾科之前便會義務參與更多建造天數，以陪伴身體逐漸

衰弱的老師傅們，此外亦提及王爺信仰對老師傅們的重要影響：

> 可能我們講另外一個思考是說，他們家裡叫他們做（建造王船以外的事情）他們也不一定會做啦，啊請別人請一請（來做就好），但是是王爺的工作他就是我感覺親臨感，我在做王爺有看到，他們很可愛啦。[83]

1970年代東港造船匠師大多年輕力壯且數量繁多，此群體中信奉東港溫府千歲的師傅們認為臺南能建造王船，東港也可以辦到[84]。這樣的在地認同對其影響深遠，幾次摸索建造木造王船之後，不只逐漸補足王船組組織運作的架構與規則，更進而使之產生需義務奉獻心力並窮盡技藝來建造木造王船的文化意識。除東港地區之外，小琉球、鹽埔甚至是高雄地區工作的木造漁船師傅也因信仰東港溫府千歲，或在同行夥伴邀約下進入王船組義務參與造船事宜。雖其組成並不一定全於東港出生，然眾人並不會特意區分參與者的出生來源，而是強調「無論來自何地，只要願意為王爺盡心盡力即能得到廟方及王船組內的認可」，而此義務服務奉獻的精神延續至木造漁船產業沒落之後，促使每科迎王祭典時的王船能順利建造完成。而小琉球王船組則是在此精神的延伸下，加上獨有的地緣關係，與東港王船組形成各自獨立卻又緊密相依的另一組織。

隨著時間推移，以蔡文化為首的王船組核心成員幾十年來以建造木造漁船的職業精神建造王船，並在主導建造事務的同時將「王船能夠真正航行於海上」做為施作標準。因兩次石油危機與其他歷史因素使得木造漁船產業沒落之後，年紀較輕的核心成員數量相對較少，其信仰成分也較為薄弱，之所以願意持續參與其中，反倒是因擔心此技藝和活動無法繼續維持，而願意增加參與程度與時數。

綜上所述，東港和小琉球兩地發展的木造漁船產業以及共同的王爺信仰交互作用下，使木造漁船師傅群體對東港產生足以願意奉獻心力的在地認同，並將從事此行業的工作習慣與個人經驗轉化為建造木造王船的文化意識，保留木造漁船的相關製作技術與工法至今（2024）。

註70　黃貴燦，訪談於2023年。

註71　指架在船下的滾木，推動船隻時，讓船能滾動下海。

註72　指綁船錨的繩子。

註73　黃貴燦，附錄二455-460行訪談於2023年1月20日。

註74　黃貴燦，訪談於2023年。

註75　蔡文化，訪談於2023年。

註76　蔡文化，訪談於2023年。

註77　蔡文化，訪談於2023年。

註78　自1991年原王船組組長蔡萬可辭去職務後，雖由王天從接任組長，但其主要製作船帆，並無意接任，最終以掛名方式出任，建造過程的指揮工作主要仍由其徒弟蔡文化負責。

註79　小琉球並未像東港一樣在祭典前一年提早建造王船，而是舉辦祭典該年年初開始建造，筆者訪問蔡文化先生時小琉球王船尚未開工。

註80　謝春長，訪談於2023年。

註81　蔡文化，訪談於2023年。

註82　黃貴燦，訪談於2023年。

註83　黃貴燦，訪談於2023年。

註84　黃貴燦，訪談於2023年。

你所不知道的王船小百科
命名篇

為何有時王船有名字有時沒有？

王船又是如何命名？

這是許多人或時興起的小疑問，首先琉球王船和東港王船一處顯著的差別在東港並未替王船命名，然而系出東港的琉球迎王卻會為王船命名，這項傳統起源自乙丑科(74)首艘王船，該科王船名「佛三隆」。

圖說／乙丑科(74)王船「佛三隆」(許嘉村先生提供)

你所不知道的王船小百科 — 命名篇

往後歷科迎王王船多有命名,整理如下表:

科年	時間	大總理	大千歲姓	王船船名
乙丑	74年	蔡雨	趙	佛三隆
戊辰	77年	李漏于	吳	滿成
辛未	80年	陳老業	封	嘉吉利
甲戌	83年	洪新發明	趙	嘉興隆
丁丑	86年	黃進步	余	隆天祥
庚辰	89年	林天送	楚	嘉得利
癸未	92年	蔡贊田	秦	嘉吉利
丙戌	95年	黃直	趙	隆陽輝
己丑	98年	李有全	劉	--------
壬辰	101年	陳周文	鄭	嘉進財
乙未	104年	陳大榮	趙	--------
戊戌	107年	洪光輝	吳	--------
辛丑	110年	林家來	余	家吉利
甲辰	113年	陳勢賢		隆天旺

你所不知道的王船小百科 — 命名篇

　　王船由大總理草擬幾個名稱，再從中擲筊請示，從上列船名中可觀察到王船取名偏好「嘉」、「利」、「隆」、「吉」等字，因此辛未(80)、癸未(92)兩科王船重名，若計入同音的辛丑(110)科王船，則有三科王船船名唸起來完全相同。除了王船有船名外，船上自舵公、大副到水手也各有姓名，舵公姓從大總理，大副姓從總幹事，各水手則從副總幹事以下科巡執事姓，再由大總理等科巡執事起名，於水手開光當天現場取名並書上名諱。

既然王船起名是自改制正科迎王後的慣習，為何有些科王船乃至水手卻未命名呢？

首先要提為何東港王船沒有船名，水手沒有姓名？據王船組長蔡文化先生表示，王船上已提大千歲姓無需再起名，另王船起名恐與其他漁船重名，在送化時引起重名漁船船主忌諱，因此東港王船不起名；東港王船水手不起名則是因開光後水手自有其靈，其靈各有姓名，所以姓名之事毋勞科巡之手，另一原因也是擔心因與人重名而引起忌諱，畢竟自來也有大千歲巡狩時拉水手的傳說，增加重名者心理負擔也非原意，故王船水手亦不起名。身兼東港、琉球兩地王船重任的蔡文化先生雖然不支持王船命名但亦尊重此項慣習。

據筆者觀察，科年擲問王船相關事宜時也會請示當科王船、水手是否需命名，若千歲允筊則依上述方式為王船、舵公及水手等起名，若否則流程省略，稱呼幾號水手等即可。

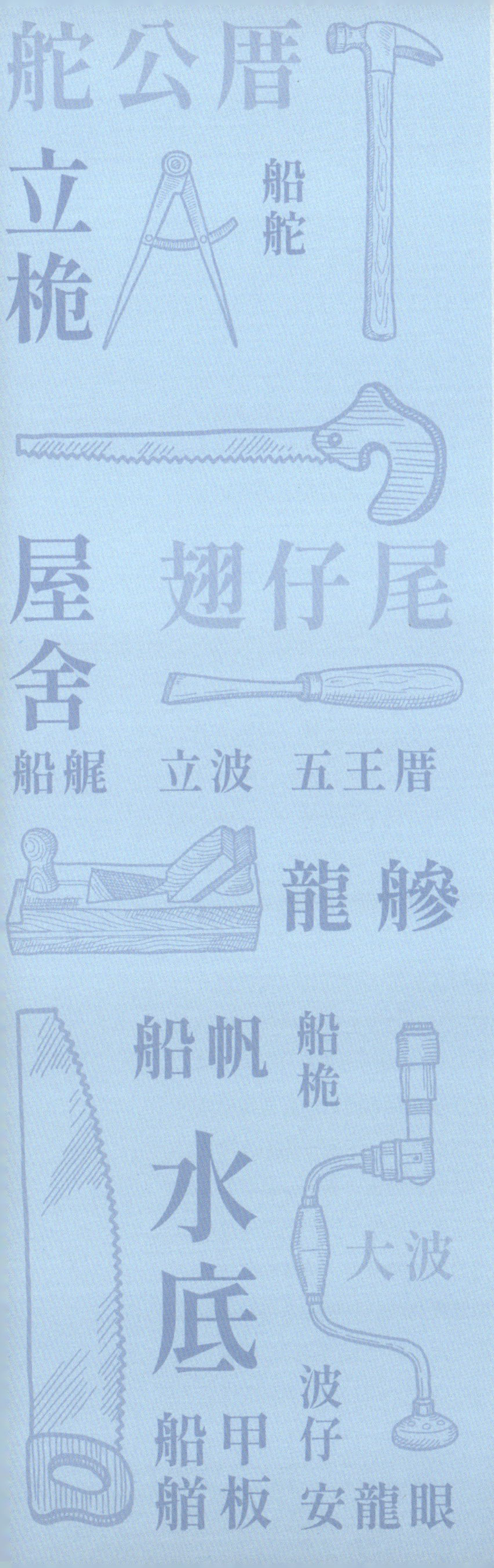

Ch. 4 王船建造流程

鄭華陽

舵公立梶
厝立梶
船舵
屋舍 翅仔尾
船艉 立波 五王厝
龍 艙
船帆 船梶
水底 大波
船甲板 波仔安龍眼

王船建造流程

文／鄭華陽

王船建造流程概說

王船是兼具世俗與神聖雙重性的宗教載體，世俗性在其型制與建造流程皆同於普通船隻，乃至在儀式過程中被賦予的意涵都有濃厚的世俗韻味；神聖性則源於隨著建造過程而不斷被聖化，最終透過儀式使之成為信仰載體和文化象徵，因此關於王船建造流程的論述便須兼顧這相異的兩端。

王船建造始於「擇日」。依例每至科年[1]正月十五日[2]元宵節置香案向上蒼請旨辦理正科迎王相關事宜，並於農曆正月十八日由大總理與眾科巡人員並科巡總幹事等擲筊擇吉，此流程請示事項的先後順序為：

1. 先擇定出巡日，出巡日前一天即是「請水」。
2. 請示相關重要時間，如安中軍府、安代天府樑、安八王位、安營等。
3. 請示王船安龍骨、立䑳日，王船尺寸與相關事宜。
4. 其餘事項。

至王船建造相關流程時總幹事會請王船組長前來共同商議請示事項，首先考量王船建造大致所需工期並配合系列流程所需時間，距出巡日的近遲往前推至適當日期，因王船需在安中軍府後方能動工，又依例多需在農曆七月前完工進水，預留王船施工時間有限，所以總幹事會諮詢王船組長意見，以安中軍府日為基準並參考迎王日遠近抓出大致期間後擲筊擇日，迎王日近則立䑳日早、迎王日遲則立䑳日晚，時間多在國曆 4 月下旬至 5 月下旬間，如辛丑正科立䑳日為 4 月 23 日、乙未正科立䑳日為 5 月 20 日。

王船確認動工的時間起點彈性頗大，除需考慮迎王日的遠近外，近年因王船組內匠師多半已年屆七旬，體力大不如前，王船組長皆請總幹事將日期看得提早些，多留餘裕以供施作，但因王船施作需先安中軍府，依例安中軍府後科巡執事需在中軍府前值宿直至送王，王船建造時間看得早對科巡執事的負擔大，看得晚又恐造成王船組老匠師們體力負擔，近幾科來早晚之間多有為難，如甲辰正科訂於農曆八月初二（9/4）出巡，因此立䑳日便提前至

農曆二月廿八日（4/6），並修改科巡於安中軍府後需輪值之例，只在安中軍府後輪值數日，待安八王位後再復行輪值。

開斧、立䑽日確定後再請示王船龍骨安寶內容物與王船龍骨長，安寶內容物多不變，龍骨則是維持前科長度或略增，若指示需增長則由王船組長建議增加量 [3] 再請千歲定奪，如甲辰正科龍骨較辛丑正科增兩分。確認王船安龍骨與立䑽日期後王船組長會以親自電聯或託人轉達等各種方式聯繫組員立䑽日，讓組員能提前安排時間參與往後的建造活動。

當科王船所需木料會在前一年年底購齊運抵三隆宮，王船組長及核心幹部會在安龍骨前三至五天開始整理機台、檢視木料、整備工具，並完成骨幹部件等前置工作，以便順利銜接立䑽等連串作業，再呈現組長等核心幹部過往所有的造船經驗，亦即造漁船的流程怎麼走，造王船的流程就怎麼做，充分展現「漁王船」流程與技術面上「漁」的特點。

王船建造有幾大重要時間點，最重要為立䑽及進水，其次為安龍骨、安龍眼，再次為安甲板、立桅，其中立䑽為船隻正式動工，進水則是船隻落成啟用，此兩項同樣也是建造漁船的重要程序，都需擇吉舉行備禮祭祀並宴請親友。

圖為甲辰正科王船組長請示日期

圖為組長與幹部討論場地布置

「王船」的原始意義僅是代天巡狩千歲爺的交通工具，但在東琉兩地受漁業影響的緣故，如宴客、撒糖果等都是兩地王船獨有，而不見於同樣造王船的西港、柳營等處，種種皆為其增添「漁」屬性成為別具特色的「漁王船」，在儀式流程細節與對待中隨處流露。

立䑽的祭儀僅次於進水，東港除科巡主事、七角頭代表、董監事成員必要出席祭祀，絕大多數王船組成員亦會參與，因東港王船量體較大需有對應人力協助固定

定營堵等工作；琉球的科巡主事和廟方主事同樣也會盛裝出席，然參與的王船組員比例就未如東港多，一則琉球王船立艤所需人力相對較少，再則琉球王船寮內可容納人數亦不如東港，因此組員選擇性出席。

因琉球王船組組員現多數皆定居本島，早期皆需自費搭乘船班往來東琉兩地施作，後經協商改由船公司贊助往來交通，憑證可於王船建造期間不限次數免費搭乘並託運機車，近年又有琉球在地機車租賃業者贊助機車租借，供前來施作的組員往來碼頭、三隆宮之間代步，立艤當日組長會發給住外地的組員乘船證並告知機車代步資訊。乘船證僅供組員往來施作使用，三日工期滿後交還王船組長或副組長王全清，後續到班者再向他們領取。關於廠商贊助部分組長多叮囑組員珍惜使用，勿因濫用而損壞王船組名聲，有組員因工作緣故未能及時交還乘船證，組長便請筆者轉知若不再使用需交回副組長王全清，並向筆者提及曾有組員濫用乘船證遭他斥責等事，珍視王船組多年積累的聲譽和廠商的支持。

東港王船組公告工作時間為上午八點至十一點半午休，下午一點半至五點，工作期間無統一休息時間，約下午三點是點心時間，點心多由大總理或信眾提供，每逢星期日休息，年假亦休息，大總理多在此時前來王船寮關心進度並與組長等幹部閒談，組員也多在此時活絡彼此社交。

琉球王船組並無公告工作時間，上下工時間彈性較大，配合王船組長時間部分居住琉球的組員在七點半到工，若有各自工作則多在八點前後到，居住本島的組員則配合所搭乘贊助船公司首班船時間在七點半或八點到工，下工亦配合船公司船班，如王船組長搭乘聯營處七點首班船前來，因此七點半到上工，下午搭乘四點半船班回東港，所以約四點初下工，各組員依自己居所、通勤等差異彈性調整，工作期間無統一休息時間，下午無點心時間，

甲辰正科聯營處乘船證

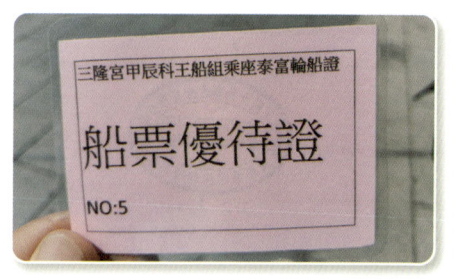

甲辰正科泰富輪乘船證

偶有信眾提供點心時組長會招呼工作的組員前來享用，期間除大總理外，也常有親友前來問候組長、組員工作進度或生活近況，在王船建造期間聯繫情誼。

往例到安甲板的工序時會請示安甲板的時間，但目前多隨進度按工依序施作即可，不再特別請示時間；立桅、安龍眼則維持請示安立的時間，安龍眼擇時在原則上取當日清晨天微亮時安龍眼，取日初出如眼睛初張的涵義，但因琉球王船組長等幹部定居東港，配合船班到島天已大亮，所以不依此原則擇時，甲辰正科王船則因時間緊迫，指示毋須擇日依工序進度施作即可，立桅亦然。

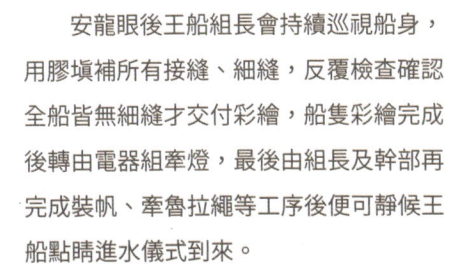

安龍眼後王船組長會持續巡視船身，用膠填補所有接縫、細縫，反覆檢查確認全船皆無細縫才交付彩繪，船隻彩繪完成後轉由電器組牽燈，最後由組長及幹部再完成裝帆、牽魯拉繩等工序後便可靜候王船點睛進水儀式到來。

王船進水儀式有獻彩球、斬龍根、王船大爺上船安座、點龍眼、進水等程序，其中最具「漁王船」的「漁」的特色除了船身彩有各種魚蝦蟹類寓意漁貨豐收外，王船進水儀式至揚帆進水的同時會對著群眾大撒糖果，便是取自漁船進水時在船腳撒糖果，寄有投下餌料引來魚群大咬豐收

繫船舵牽引索

電器組牽燈

之意，因此撒糖果也成爲王船進水的最高潮。儀式結束後廟方會將準備的大籠發粿給王船組，由組長及幹部分贈所有王船組員，有說這塊發粿象徵漁獲，寓有感謝組員協助建造並預祝眾人事業發達之意，因此組長會確保發粿能均分給所有人，晚上舉辦進水平安宴，亦是取自漁船進水後宴請親友的俗例，王船進水前會以大總理的名義發帖邀請全鄉民眾前來共享王船進水的歡樂，赴宴的鄉民則會寄附禮金贊助平安宴與迎王所需支應，廟方保留王船組宴席感謝所有組員的協助，至此王船組的任務告一段落，待繞境第四天清晨牽船才再度活動。

王船獻彩球

王船公、水手登船

王船組切分發粿

斬龍根

進水平安宴

琉球三隆宮甲辰正科王船建造四大日課與尺寸明細表

王船開斧日	民國 113 年 4 月 3 日	歲次乙未年四月初一	上午 10 時 35 分
王船立(舟參)日	民國 113 年 4 月 6 日	歲次乙未年四月初三	上午 9 時 10 分
王船安龍眼日	民國 113 年 5 月 15 日	歲次乙未年五月初七	上午十時整
王船開光進水日	民國 113 年 6 月 21 日	歲次乙未年五月十六	上午 11 點 10 分
王船總長度	16 尺 1 寸		
王船龍骨長度	6 尺 5 寸 2 分		
中桅長度	長 10 尺 5 寸 7 分、寬 3 寸 2 分		
前桅長度	長 6 尺 5 寸、寬 2 寸 6 分		
後桅長度	長 5 尺 7 寸、寬 2 寸 5 分		
尾舵長度	長 5 尺 5 寸		
前錨長度	長 2 尺 2 寸 6 分		
後錨長度	長 2 尺 2 寸 2 分		
五王厝長度	高 1 尺 9 寸 8 分、寬 2 尺 2 寸 6 分、深 2 尺 3 分		
王船公厝長度	高 1 尺 5 寸 6 分、寬 2 尺 3 寸、深 1 尺 3 寸 6 分		
小艇總長度	長 2 尺、寬 6 寸 2 分		
小艇龍骨長度	長 1 尺 3 寸 6 分		
王船前面設 2 肚、中央五王室、後面 1 肚、王船公室 1 間			
小艇 2 隻、日月斧 1 支、前錠 1 付 2 門、後錠 1 付 2 門			
甲板上面有 5 舍：馬舍、羊舍、雞舍、犬舍、豬舍			
船帆 3 領、廚房 1 間、浴室 1 間、廁所 1 間			
王船外板用越南檜木、肚內用柳安、船肋用樟木、船桅用柳安、各部位木料混用			
本科王船造價約：新台幣　　百萬元左右			
＊甲辰正科王船建造成員全屬琉球造船師傅及東港匠師協助；動用約 63 人，自開斧至進水共 80 日；以上建造人員均為義工服務。			

王船建造使用工具

　　王船建造除透過儀式區別於一般船隻外，其餘材料、工具、工序、結構概念皆與一般船隻相同，以下介紹使用工具：

大型機具	大型機具
鋸檯 帶鋸機 多用在切割大型木料。	自動刨木機 刨平木版、刨取木料厚度
大型機具	**小型機具**
風機 hong-ki 空氣壓縮機 用來吹掉船上與身上的木屑，出風口稱為風銃（hong-tshìng）。	電撩 tiān-liâu 電鋸

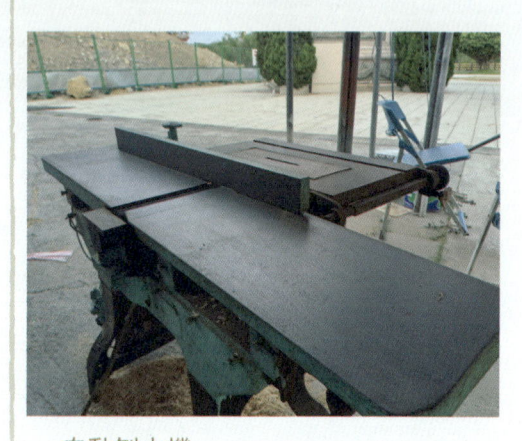

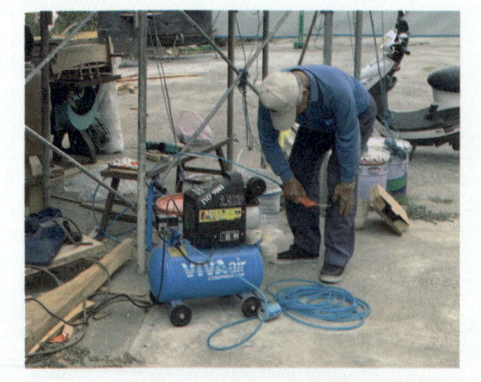

小型機具	小型機具
電剾 tiān-khau 電刨刀 打磨木材，處理最粗糙的部分。	電抿仔 tiān-bín-á 手提砂輪機 又稱「センダ」（senda），打磨木材或用來切割螺絲，處理部件較細的部分。
小型機具	小型機具
電磨仔 拋光機 打磨木材，處理最細的部分。	電鑽 tiān-tsǹg 搭配不同鑽頭，用以開大口徑來放入墊片與螺絲頭的鑽頭稱為「撓空的」（ngiáu-khong-ê）。
小型機具	小型機具
修邊機 木材邊修圓	摃槌仔 kòng-thuî-á、撼仔 鐵槌 摃槌仔用於敲打釘子，撼仔用於捶擊木板，使木板密合。

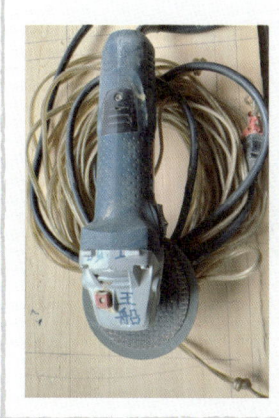

小型機具

バル
Baru

撬棒

用於拔除鐵釘

小型機具

鋸仔
kì-á

鋸子

小型機具

鉋仔
khau-á

刨刀

兩種刨刀皆有組員使用，看其習慣而定。

小型機具

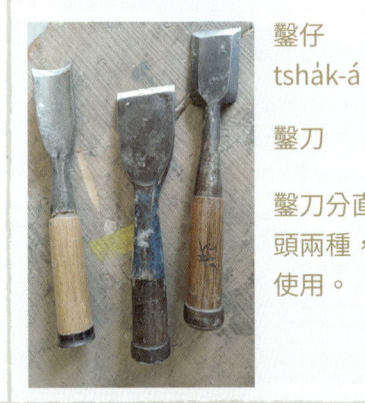

鑿仔
tshak-á

鑿刀

鑿刀分直頭與曲頭兩種，依部件使用。

小型機具

墨斗
bak-táu

墨斗

圖中筆狀物為：墨筆，組員以日語呼為「ミチ（bi-chi）」，是彈線後畫記號用。

小型機具

曲尺
khiok-tshioh

曲尺

可彎折角度的稱為角尺（kak-tshioh），兩種稱呼會依照使用情境混用。

王船建造流程 | 第四章

小型機具

尺
tshioh

直尺

組員使用直尺長一百公分。

小型機具

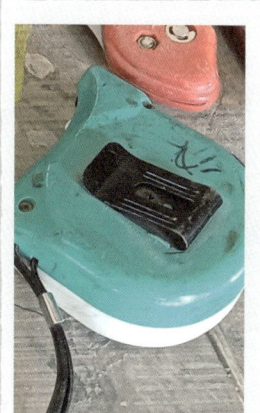

捆尺
khún-tshioh

捲尺

卷尺內附魯班尺寸對照,組員以此測量長度及其吉凶涵義。

小型機具

筆
pit

筆

左圖為奇異筆、右圖為鉛筆,兩種筆視需要使用之。

小型機具

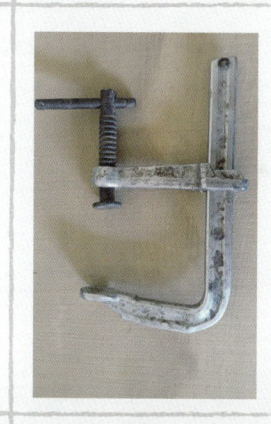

萬力
bān-lik

虎鉗

F型,有大中小不同尺寸,用以固定木板,有時上頭會刻有「王船」兩字。

小型機具

扳仔
pán-á

板手

圖為紐力板手,用以固定螺栓的螺帽。

小型機具

ペンチ
penchi

鉗子

小型機具

刮刀

用於填縫補土。

紅線 âng-suann

用以通過洞口測量長度，上面畫有圖案的部位稱為「龍虎牌」(liông-hóo-pâi)。

AB膠 AB-ka

白色膏狀物戲稱為白糖膏（pėh-thn̂g-ko），土黃色膏狀物戲稱為麥芽膏（bėh-gê-ko），兩者攪在一起便是龍鬚糖。

王船建造流程

　　王船建造屬專案工程，雖無制式的工作時程但隨工序進行亦自成系列流程，大抵分為甲下、甲上及其他部件等三大類，其各自內容如下：

- 甲　下　龍骨、前後營、船肋、船殼、甲板等
- 甲　上　五王厝、舵公厝、船艄、船艉、魯拉等
- 其他部件　船桅、船舵、船帆、小艇、各項用品等。

施作進程如下：　甲下　甲上
　　　　　　　　其他部件

　　甲下與甲上屬於船身主體工程，甲下部分工序可同步施作，待甲下作業全部完成才開始施作甲上，因此甲下作業較緊湊，甲上相對寬鬆，其他部件非船身主體，故皆各自平行作業無時間壓力，能及赴進度使用即可。

甲辰正科王船建造甘特圖

時間		船身												部件					重要事件
		準備	龍骨	大波	水底	Koshi	翅尾	立波	甲板	波仔	船舵	船艌	船艉	五王	舵公	其他	船桅	船帆	船錨	小艇	屋舍	各項用具	

3月 27–31：準備

4月
- 3：安龍骨
- 6：立 舺
- 16–18：舵公欄 A A B A B
- 24：安甲板

5月
- 1–12：舵公欄 C
- 13：立桅
- 15：安龍眼
- 18：最後整視
- 19：整料交船

建造流程──前期準備
時間：113.03.27～04.02

一、前後營堵組裝上漆

1.
前、後營裁修完成後在骨架位置上塗AB膠。

2.
塗好後膠後用F型萬力夾固定骨架與堵板，鑽孔打上螺栓。

3.
前後營、艙堵隔板都上紅丹漆防蛀。

二、0號、表1組裝完成

1.
依模板裁出船肋並依模板於船肋上畫出現段記號。

2.
一組船肋由左右邊拼成一對，中間用「拱」連接。

3.
左右邊與連接拱用F型萬力夾固定後修整接口處使接觸面平整。

4.
用細角料自中心點量到左右邊「天線」外側，調整使其距離相同。

5.
調整後鑽孔將左右船肋與「拱」上螺栓固定。

6.
測量中心到左右「天線」外側距離，使之固定。

7.
調整頂端使符合模板間距後用角料固定。

建造流程──前期準備

時間：113.03.27～04.02

三、組裝船肋表2、友1、友2

1. 先將模板比對船肋粗胚，確認兩邊中心線。
2. 鋸掉船肋粗胚底部多餘部位。
3. 將左右船肋與拱用F型萬力夾固定。
4. 鋸平左右船肋。
5. 用木條或捲尺自船肋中心向船肋上寫「天」線外側測量，確保船肋左右（東西向）間距相同。
6. 最後用角料固定「天」線，螺釘鎖住船肋與拱。
7. 船艁木料刨修。

四、船艁

1. 船艁木料修整。 
2. 船艁打版。 
3. 上紅丹漆後再畫上線。

建造流程──龍骨

時間：113.03.27～04.02

一、開斧

1. 王船寮安中軍府。
2. 案前擺設三牲、果品、水圓、紅圓、發粿、鮮花等。
3. 開斧前由組長率領全體組員參拜。
4. 捧淨香薰龍骨清淨之。
5. 龍骨上放墨斗、墨筌、曲尺等工具。
6. 由組長及重要幹部擲斧斲龍骨四角即完成「開斧」儀式。
7. 開斧後龍骨可開始裁削，並安裝前後曲、船肋等以備立舟參

二、安寶

1. 開斧後將龍骨修整上紅丹漆防蛀。
2. 龍骨固定在架上，用水平尺測量確認前後、左右無傾斜。
3. 在龍骨前端與前曲連接處鑿孔。
4. 在挖好的孔中安置裝有十數樣含有吉祥意義的寶。
5. 用塑鋼補土將孔補平。

建造流程──龍骨

時間：113.03.27～04.02

三、裝曲

1.
前、後曲先與前後營試裝，確認密合且營與曲的中線對齊，彼此置中

2.
前、後曲與龍骨試裝，裁修曲與龍骨的接觸面使之密合

3.
用F型萬力夾將曲固定在龍骨上，墜鉛觀察曲的中線是否落在地面的參照線上，有否偏移。

4.
確認曲、龍骨、參照線都在同一水平無偏移後鑽孔打上螺栓固定。

四、裝船肋（0號、友1、表1）

1.
用F型萬力夾將0號船肋固定於龍骨的對應位置。

2.
船肋底部中心點對齊龍骨中線。

3.
自船肋頂部中點向下墜鉛垂，調整船肋使鉛垂正落於龍骨中線上。

4.
用一刨直的角料從側面觀察船肋。

5.
調整船肋使左、右船肋對正。

建造流程——龍骨

時間：113.03.27～04.02

五、裝船肋（0號、友1、表1）

1.
自左右船肋「天線」外側拉細角料至龍骨標記處，確認左右船肋到龍骨的距離相等

2.
確認船肋前後、左右與水平皆對齊後鑽孔上鏍栓。

3.
鏍栓自下向上打入固定

9.
重同樣的模式往前安裝表1，往後安裝友1

六、船肋組裝

1.
用F型萬力夾將船肋固定在龍骨的對應處。

2.
自船艏中點牽線至船艉中點，調整各組船肋中點使之落在中點連線上。

3.
調整每組船肋間距為7寸。

4.
船肋打孔將鏍栓由船底向上打入。

5.
打至最後一段前先纏樹皮索再打入。

6.
補土塡封鏍栓洞。

7.
「船肋」天線處牽角料，觀察角料在未平整處做記，再用工具刨削修整使之密合。

建造流程──龍骨

時間：113.03.27～04.02

七、立舟參

1.
科巡執事將彩球繫在前後營，待立舟參時合到前後曲。
2.
龍骨上放置墨斗、墨苙、曲尺等工具。

3.
科巡執事向王船寮內中軍府祭祀。
4.
科巡執事著裡浮於王船兩側排列觀禮。
5.
王船組員披彩待時辰到後即將前後營固定於前後曲上，禮成。

6.
調整前後營、曲的中線對齊。
7.
裝「まるかだ」調整船型。

八、船肋表3、友3

8.
畫出後曲中線，自「友2」末端向後量7寸對應龍骨上標記「友3」處畫記。
9.
取出船肋寬度鑿洞準備安裝「友3」。

10.
裁修前、後營，使「まるかだ」能貼平船肋。

11.
裝上「友3」使之靠平「まるかだ」。
12.
用F型萬力夾固定後鑽孔上鏍栓。
13.
「表3」比照施作。

建造流程──龍骨
時間：113.03.27～04.02

九、船肋表4、友4

1. 用角料模擬安裝於後曲所需的長度後劃記。
2. 將劃記的角料移至友4船肋上對比，取出安裝所需位置。
3. 用斜尺測量曲和後營的夾角。 
4. 將所取角度移至友4劃記。
5. 劃記後裁掉多餘部分。
6. 移至後曲上試裝調整。
7. 用F型萬力夾固定後鑽孔上鏍栓。
8. 「表4」比照施作。

十、船艄－1

1. 試裝船首，觀察船艄與龍骨接觸面是否密合，將須裁修處劃記。
2. 裁修劃記處。
3. 裁修後再次組裝，確認船艄與龍骨接觸面密合。 
4. 反覆觀察、裁修直至船艄與龍骨接觸面密合。
5. 自船艄中點墜鉛錘觀察中線是否落在地面的參照線上。 
6. 調整船艄使之對齊。

建造流程──龍骨

時間：113.03.27～04.02

十、船艙－2

7.
自暫時固定的船艙向後觀察前營、前曲、所有船肋、後曲、後營等中點都在同一直線上。

8.
鑽孔後自下向上打上鏍栓固定。

9.
自船肋、前後營「天線」處牽細角料觀察細角料是否與之貼平。

10.
凸出處劃記裁修，使細角料與船肋、前後營等部位牽線處都能貼平密合。

建造流程──大波

時間：113.03.27～04.02

一、大波－1

1.
用細角料沿船肋「甲線」牽出弧線作「大波」的基準線。

2.
沿「甲線」牽出的基準線向下畫出下緣基準線。

3.
「大波」製版，在對應船肋處標記編號。

4.
依所製版記號在「大波」料上畫出各船肋處對應寬度。

5.
將細角料沿所作記號固定，做出「大波」上緣弧，畫線。

建造流程──大波
時間：113.03.27～04.02

二、大波－2

1. 兩片「大波」放入專用桶中蒸煮始之軟化便於隨型安裝。
2. 蒸煮約1～2小時，待木料濡化即可安裝。
3. 船艙與「大波」接觸位置填柴，增加厚度及支撐力。
4. 須兩邊同時裝釘。
5. F型萬力夾固定在船肋上。
6. 觀察兩邊，調整使之等高。

三、大波－3

1. 船肋與各接觸面塗白膠，用F型萬力夾固定後鑽孔，自下向上打入鏍栓。
2. 打入鏍栓至尾段時纏繞樹皮索（能吸收滲入的水份，吸水膨脹能將細縫完全填滿），最後打至鏍栓完全沒入。
7. 鑿修前營與「大波」交接處，前營與「大波」齊平。
8. 「大波」尾端用木料固定，保持寬度。
9. 「大波」與前、後營之間再填柴增加穩定度。

建造流程──水底各路

時間：113.04.09～04.16

水底各路－1

3.
船肋上1號線以下為「水底」。
4.
用細角料牽出水底與「ko si」的界線，界線以下為「水底」。
5.
先裝「Koshi」，再裝「水底」，最後「立板」。
6.
牽細角料觀察水底部分，修整船肋凸出部分使細角料能與船肋密合貼平。
7.
將凸出部分削平，反覆操作觀察確認細角料每處都與船肋密合貼平

水底各路－2

8.
打版。水底分三路，自龍骨以上「Koshi」以下依次安裝為：下、上、中。

9.
試裝時觀察各路間是否貼平密合，將未密合處劃記後刨修。

10.
安裝水底上路時要量測與「Koshi」接觸面的角度。

建造流程──水底各路

時間：113.04.09～04.16

水底各路－3

11.
將測量角度畫至水底上路與「Koshi」的接觸面，刨修出角度使之與密合。（船體要求能如「甕」型且完全密合無縫，因此每一路的銜接處都要修出能密合貼平的角度。）
12.
船肋與各接觸面塗白膠，用F型萬力夾固定後鑽孔，自下向上打入鏍栓。
13.
打入鏍栓至尾段時纏繞樹皮索（能吸收滲入的水份，吸水膨脹能將細縫完全填滿），最後打至鏍栓完全沒入。

建造流程──Koshi（コシ）

時間：113.04.10

「Koshi」－1

1.
船肋上1號線至2號線之間為「Koshi」。
2.
牽細角料觀察修整船肋凸出部分使細角料能與船肋密合貼平。
3.
將凸出部分削平，反覆操作觀察細角料每處都與船肋密合貼平。

4.
裁料、修整、試裝，將兩路「Koshi」接觸面不平整處劃記。
5.
修整劃記處，反覆觀察、修整直至兩路木料接觸面彼此密合無縫。

建造流程——Koshi（コシ）

時間：113.04.10

「Koshi」－2

6.
先裝「Koshi」下路再裝上路。
7.
塗膠，用F型萬力夾固定後鑽孔，自下向上打入鏍栓。
8.
打入鏍栓至尾段纏繞樹皮索，最後打至鏍栓完全沒入。

9.
木料長度須使其尾部能切齊至後營頂端，以便預留後續封尾舵的空間。
10.
尾部需用F型萬力將上下兩路壓密。
11.
兩路「Koshi」安裝完成。

建造流程——翅仔尾骨

時間：113.04.11～04.12

「翅仔尾骨」－1

1.
用塑膠水管自後營與龍骨交會中點沿「koshi」經「大波」向上拉到船舷的尾端。
2.
打版，打版時須經後營、「koshi」、「大波」等接觸位置的角度畫出，使「翅仔尾骨」能與之密合

建造流程──翅仔尾骨

時間：113.04.11～04.12

「翅仔尾骨」－2

3.
「翅仔尾骨」外側與「大波」、「波仔」接合處加料填厚以增加支撐力。

4.
又因原木料經裁修角度後會損失許多料，故需填料加厚。

5.
又能增加可調整的料面。

6.
沿龍骨交會中點、「koshi」及「大波」等接觸面鑽孔上鏍栓固定。

建造流程──立波

時間：113.04.10

「立波」－打版－1

1.
測量船艙至船舷「大波」到「Koshi」間每處船肋的寬，各處所得寬除三劃記，將「立波」分三路。

2.
安裝順序為：上、下、中。

3.
上路「立波」打版前須先裝一路，該路位於上路「立波」中段，分裝可避免中段裂開的風險。

建造流程──立波

時間：113.04.10

「立波」－打版－2

4.
由上至下削平船肋。
5.
壓木條確認削完船肋與波板能貼合。
6.
透過木條觀察與船肋是否貼平。
7.
上緣化線作記畫出第一塊波板。

8.
船身前後持續削平船肋，將弧形船肋修出三塊平整的區域。
9.
修平時，船肋編號「表」的往前修，編號「友」的往後修。

「立波」－打版－3

10.
固定模板讓其下緣對齊第一條線。
11.
艄、艉等船肋共13處編號，標記所對應船肋。
12.
每標記處自上方波板底部向下量1寸、2寸或3寸劃橫線並打一撇作記。再測量上方波板底部量至下緣第一條線的間距。
13.
將模板頭尾固定在木料上，依模板上的線劃記在木料上。
14.
自模板橫線起向上量，橫線畫幾撇就在幾寸處畫記，連起記號線就是波板的上緣。
15.
自波板上緣線向下，按所測量的間距畫記。
16.
將細角料沿畫記處固定，而後沿細角料畫線即是波板下緣。
17.
沿上、下緣線裁切。

建造流程——立波

時間：113.04.09～04.16

「立波」－安裝－1

18.
波板刨平，用斜尺測量船肋與大波的夾角，在波板上刨出夾角，確保安裝時能密合。

19.
用刨鋸在接合處畫出爪痕。

20.
正式安裝前先試裝，確認接縫完全密合，有縫隙處劃記卸下重刨。

21.
接合處塗白膠，先於船肋中段用萬力夾固定，再由前往後逐一固定。

22.
用F型萬力夾將波板與船肋左右固定。

23.
再用萬力夾將大波與波板間上下壓密，確保完全密合。

「立波」－安裝－2

25.
安裝時採左右對裝，即左1對右1、左2對右2的方式，確保左右等高對稱且大小一致。

26.
因每路接觸面並非直角，故需依測量角度修整接觸面。

27.
大抵前後13個標記處的角度都要測量並在木料對應位置修出對應角度。

28.
鑽孔後打上鐵釘，無須纏繞樹皮索。

29.
至此船隻外型已大製成形，可裝船底。

建造流程──其他A

時間：113.04.16〜04.18

其他A－船堪

1.
船堪製版。

2.
船堪打版。

3.
裝釘前先用F型萬力夾固定在船肋上。

4.
鑽孔上鏍栓固定於船肋上。

5.
船堪安裝完成。

建造流程──其他B

時間：113.04.16～04.18

其他B－船艙底板鋪設

1. 船艙底板鋪設。
2. 由前往後共三個船艙。
3. 最底靠近龍骨處底板的各挖一小洞方便清潔、舀水。
4. 將木料依船艙艙形裁修後用鐵釘沿船肋固定於其上。
5. 各艙底鋪設完畢後上漆。
6. 船艙、船艏、船艉等封閉區域皆上漆。

建造流程──甲板

時間：113.04.16～04.25

甲板－1

1. 安裝甲板前須牽「抽」。
2. 「抽」是用來架設橫跨船艙承接甲板的「拱」。

3. 自船艏至船艉，將之緊貼固定於船肋上。

4. 與船肋間縫隙塞上泡棉，避免後續施作木屑掉入夾層中。

建造流程──甲板

時間：113.04.16〜04.25

甲板－2

5.
鑿去「抽」上劃記處，將拱卯入鑿孔

6.
鑽孔打入螺栓固定。

甲板－3

7.
拱與拱之間再裝「短拱」，作為艙口拱。
8.
艙口拱，共前、中、後三處。
9.
裝設時確認拱之間的寬度相同。

10.
用細角料壓拱，找出不平處修整，使甲板裝上後能與拱密合。

11.
甲板厚五分，以厚五分的木塊劃出甲板上下線，並在船肋向後的下線邊緣釘承板以承接甲板。
12.
每支船肋後方低五分處各釘一塊木板，以便承接甲板。

建造流程——甲板

時間：113.04.16～04.25

甲板－4

13.
船肋、抽之間鑿出溝槽，安裝甲板時將之推入溝槽中，確保甲板的密合。

14.
用長抵首尾的木板製版，模擬甲板使之能貼合船面，不會有突起或因無支樑而下凹。

15.
所有船肋處皆須做記使甲板能對準船肋密合。

16.
甲板開口處與相應船肋對準。

17.
甲板打版時標記出其所對應船肋的角度。

甲板－5

18.
依每支船肋角度修出開口，使甲版與船肋間能完全密合。

19.
因船舵舵軸會穿過甲板，所以安裝甲版前須先將船舵裝釘完成。

20.
固定好船舵後才再上方鋪設甲板。

建造流程──甲板

時間：113.04.16～04.25

甲板－6

21. 裝設甲板前須將船艍的下段裝好，界定出甲板船艍的邊界。
22. 刨修「翅仔尾」骨。
23. 依「翅仔尾」骨的大小裁四塊三角柱形木料的，左右各兩塊將「翅仔尾」骨填柴增厚。
24. 填柴上白膠厚用F型萬力固定。
25. 用細木料沿「翅仔尾」骨上下移動，將未平貼處劃記刨修。

甲板－7

26. 製版時需將接觸面的高低、角度、尺寸等都標記出，以便打板後能裁出密合的木料。

建造流程──甲板

時間：113.04.16～04.25

甲板－8

27.
打版。
28.
尾端分上下兩塊都在同一木料上裁出。

29.
木料細修時須依接觸面修出交接角度。

30.
安裝時木料的接觸面都能密合。

甲板－9

31.
角度、高低都能密合。
32.
上白膠固定於「翅仔尾」骨上。
33.
船艉下段鑽孔上鏍栓固定。
34.
船舵與船艉下段裝釘完成便可安裝裁好的甲板。

35.
封上甲板前須用補土抹過艙底板所有縫隙及隱密處的鏍栓孔，確保艙內無任何滲水孔縫。

建造流程──甲板

時間：113.04.16～04.25

甲板－10

36.
裝甲板。甲板開口與對應船肋密合。

37.
甲板鋪設完成。

甲板－11

38.
先用船舵模版測量船舵位置。

39.
龍骨尾端鑿出軸孔放置舵軸。

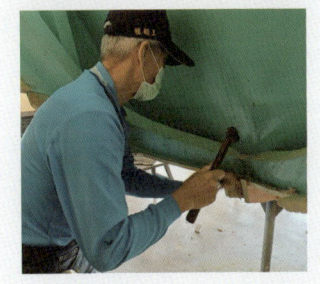

建造流程——波仔（龍頭、鳳尾）

時間：113.04.26～05.01

波仔（龍頭、鳳尾）－1

1.
波仔之前需先裝好位於船艏、船艉的日月樑。

2.
依模版裁出日月樑。

3.
裁好後安裝。

4.
前日月樑裝在船艏上，後日月樑沿0號船肋後第五支船肋後側安裝。

波仔（龍頭、鳳尾）－2

5.
裝好前後日月樑後沿船艏兩側邊緣各釘一細角料。

6.
兩側角料最上再釘角料固定間距。

7.
做模擬船艏、船眉骨架用並方便製版。

8.
沿船肋天線用角料牽出外型。

9.
0號與表1船肋之間留作水門不牽。

9.
0號與表1船肋之間留作水門不牽。

建造流程──波仔（龍頭、鳳尾）

時間：113.04.26～05.01

波仔（龍頭、鳳尾）－3

10.
波仔後段（鳳尾）製版前須先裝好船舷。

11.
船舷製版。

波仔（龍頭、鳳尾）－4

12.
打版、裁料，修整後安裝至「翅仔尾」骨。

13.
先裝「鳳尾」再裝「龍頭」。

14.
「鳳尾」製版。

建造流程——波仔（龍頭、鳳尾）

時間：113.04.26～05.01

波仔（龍頭、鳳尾）－5

15.
打版，若預備木料寬度不足則加料補足。

16.
裁料、整修、試裝。

17.
觀察是否貼合。

18.
確認「鳳尾」貼合後沿船肋裝釘。

波仔（龍頭、鳳尾）－6

19.
波仔前段（龍頭，又稱大刀頭）打版，與日月樑交會處沿線將曲角畫至樣版上。

20.
「龍頭」後段打版須留出水門。

建造流程──波仔（龍頭、鳳尾）

時間：113.04.26～05.01

波仔（龍頭、鳳尾）－7

23.
與日月樑交會處曲角打版

21.
取出「龍頭」模版，沿模版畫出上端曲線，再由上端曲線為基準，依所製版上所畫記號打版。

22.
由於所備木料寬度不足，故「龍頭」最上端需補入木料。

波仔（龍頭、鳳尾）－8

24.
補入木料裁出所需部位後固定。

25.
依模版畫出尖端。

26.
裁修後安裝。

27.
日月樑下端需另外製作安裝。

28.
裁料時先裁一側，再將裁好的料搬至另一片木料上依形畫出，節省另一側製版、打版的時間並確保兩側大小、形狀相同，盡量維持對稱。

建造流程──波仔（龍頭、鳳尾）

時間：113.04.26～05.01

波仔（龍頭、鳳尾）－9

29.
補入日月樑下方木料。

30.
打磨至難以用肉眼找出接縫。

31.
「龍頭」、「鳳尾」安裝完成。

船眉、船艄及修飾邊－1

1.
波仔（龍頭）前段裝釘完成後開始製做船眉。

2.
製版、打版、整修。

3.
船眉外型上寬下窄。

4.
安裝船眉。

5.
船眉後「龍頭」內側加釘木料增加穩定度稱為「填柴」。

建造流程──船艎

時間：113.05.01～05.12

船眉、船艎及修飾邊－2

6.
裝釘修飾邊前先修整船眉，使船眉各處皆能平整。

7.
船艎側面修飾邊打版。

8.
船艎內側邊框安裝。

船眉、船艎及修飾邊－3

9.
正面邊框打版。

10.
正面邊框木料須經蒸煮軟化。

建造流程──船艙

時間：113.04.26～05.01

船眉、船艙及修飾邊－4

11.
船眉正面邊框裝釘。

12.
船艙上側邊框（拍竹仔）打版。

13.
船艙上側邊框（拍竹仔）前端打版，彎曲曲尺曲出前段弧度。

船眉、船艙及修飾邊－5

14.
船艙上側邊框（拍竹仔）打版時做標記，方便安裝時對應記號

15.
船艙上側邊框（拍竹仔）裝釘。

16.
船眉邊框裝釘完成。

建造流程──船艉

時間：113.04.26～05.01

船眉、船艉及修飾邊－6

17.
船艉邊框。

18.
船身邊框。

19.
船艉船眉及邊框裝釘完成。

船眉、船艉及修飾邊－7

20.
修去船艉凸出的所有波版。
21.
沿船艉裝釘木板。
22.
勾勒船艉正面曲線後依線裁修。
23.
打磨邊緣使之平整。

24.
切水刀打版。

25.
自龍骨前端牽細角料至船艉彎出切水刀的弧度。

26.
依弧度製版

27.
試裝刨削使切水刀能與船艉貼平密合。

建造流程──船艄

時間：113.04.26～05.01

船眉、船艄及修飾邊－8

28.
修整後裝釘

29.
船脣製作。

30.
角尺量出接觸面角度後製版。

31.
使船脣能與地面水平。

32.
用曲尺模擬船脣，觀察曲尺面是否與地面平行。

船眉、船艄及修飾邊－9

33.
船脣木料上畫出與船艄的接觸面角度。

34.
畫出船脣線條。

35.
底下留出船舵牽引線孔。

36.
畫出船舌形狀。

37.
修整出船舌。

建造流程──船艏

時間：113.04.26～05.01

船眉、船艏及修飾邊－10

38.
修整船牙。

39.
畫出船艏中線。

40.
在中線上裝釘船鏡。

41.
船艏所有部件裝釘完成。

建造流程──其他C

時間：113.05.01～05.12

魯拉及各部件

1.
前桅平台支架裝釘。
2.
魯拉及船上各部件施作並不連續，會隨著全體進度施作「工到哪做到哪」的進度。

3.
又或者是分處施作最後才組裝。
4.
前桅平台支架裝釘完成。
5.
前桅平台開門。

6.
前桅平台製作完成。

建造流程──其他C

時間：113.04.26～05.01

魯拉及各部件

7.
魯拉安裝。

8.
需先塡柴開洞做爲魯拉的軸孔。

9.
試裝魯拉，測量魯拉長短是否恰當、軸孔能否流暢轉動。

10.
整修長短並使魯拉能流暢轉動後固定。

11.
製作魯拉固定勾承座。

魯拉及各部件

12.
打入魯拉轉柄

13.
魯拉兩側開孔。

14.
安裝固定勾。

15.
固定勾左右各一方向相反，使魯拉固定後不會自任一方向脫開。

16.
前修飾板。

建造流程──其他C

時間：113.05.01～05.12

魯拉及各部件

17.
桅柱，支撐中桅用。

18.
水門（又稱水仙門或水城門）。

18.
水門（又稱水仙門或水城門）。

魯拉及各部件

20.
中桅魯拉。

21.
舵柄。

22.
帆架，放置風帆。

建造流程──船舷

時間：113.05.04～05.09

船舷及各部位－1

1. 船尾邊框打版。

2. 船舷「拍竹仔」安裝。

3. 船舷修飾邊打版。

4. 曲尺灣出所需弧度。

船舷及各部位－2

5. 船舷拍竹仔裝設完成。

6. 船舷魯拉安裝完成。

7. 船舷邊框安裝完成。

建造流程──船艉

時間：113.05.01～05.12

船艉及各部位－3

8.
船艉封艙，釘角料固定封艙木料。

9.
船艉封艙。

10.
封艙完成。

船艉及各部位－4

11.
船艉修飾邊。

12.
船艉修飾邊。

13.
船艉修飾邊。

建造流程──五王厝

時間：113.04.27～05.08

五王厝－1

1.
使用模版（摜）量測五王厝位置與隔版弧度。

2.
測量寬度。

3.
打版、裁料、整修、試裝。

4.
五王厝前版固定在0號船肋後，後版固定於友3船肋後。

5.
0號船肋至表1船肋間為水門。

五王厝－2

6.
裁修完成後試安裝，確認底部及船肋接觸面都能密合後裝釘。

7.
前後版安裝完成後裝釘間架。

8.
前後隔版內側需再釘角料作支撐。

9.
裝釘左右及兩側隔板。

建造流程──五王厝

時間：113.04.27～05.08

五王厝－3

10.
修整五王厝頂，確認四周牆面水平後再裝上厝頂木料。用模板畫出厝頂形狀裁修。

11.
兩側牆面挖槽固定厝頂承拱。

12.
安置厝頂承拱。

13.
承拱安置後裝釘厝頂木料。

五王厝－4

14.
厝頂安裝完成。

15.
內部裝釘角料作為安至五王令用平台。

16.
厝頂修飾邊量測。

建造流程──五王厝

時間：113.04.27～05.08

五王厝－5

17.
厝頂正面修飾邊打版、整修。

18.
厝頂修飾邊側面量測、製版。

19.
厝頂製作完成。

五王厝－6

20.
厝頂預留水孔方便排水。

21.
五王厝門安裝。

22.
五王厝製作完成。

建造流程──舵公厝

時間：113.04.02～04.03、05.04～05.15

舵公厝－1

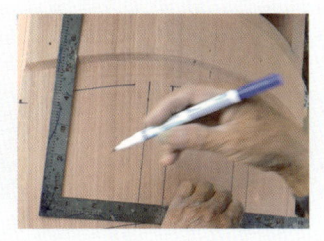

1. 舵公厝頂製做，將木料沿模版黏合。
2. 因舵公厝是王船上最後安置的，因此並非連貫施作。
3. 分期分段抽空製做舵公厝，最後才安裝在王船上。
4. 舵公厝正面打版。
5. 舵公厝窗戶開洞。
6. 劃出舵公厝正面圖紋。

舵公厝－2

7. 舵公厝正面雕刻
8. 舵公厝側面版雕刻，開出入門。 
9. 舵公厝主體組裝

建造流程──舵公厝
時間：113.04.02～04.03、05.04～05.15

舵公厝－3

13.
舵公厝頂開水洞，方便排水。

14.
船舷舵公厝安置平台施作。

15.
舵公厝安置完成。

建造流程──船桅
時間：113.04.09～04.19

船桅及相關部件－1

1.
觀察桅料。

2.
用模版比對木料取出各桅所需長度、寬度。

3.
用模板畫出船桅前端斗形與桅頂。

4.
刨修刺出桅頂。

建造流程──船桅

時間：113.04.09～19

船桅及相關部件－2

5.
四角柱桅身彈線修成八角柱，再彈線修成十六角柱，依序分割直至近圓。

6.
再用電刨刀、刨刀、鑿刀等將桅身修整拋圓。

7.
桅身打磨修圓。

8.
桅頂開出滑輪與桅桿洞以便安裝滑輪與桅桿。

船桅及相關部件－3

9.
滑輪、短桿安裝完成。

10.
滑輪作升降船帆用。

11.
桅身塗白膠水避免木料乾燥後龜裂。

12.
船身接縫處或木料細縫處也會塗抹白膠填補。

13.
中桅桅柱。

14.
中桅是帆船主動力來源，桅柱緊貼中堵後側下抵龍骨以承受最大風力。

15.
裝設時需墜鉛垂觀察、調整使其與地面垂直。

16.
中桅前後各分兩艙。

建造流程——船桅

時間：113.04.09～19

船桅及相關部件－4

17.
前桅桅柱。

18.
固定於前營上，調整風向供中帆使用。

19.
前桅、中桅桅柱皆在甲板安裝前固定完成。

船桅及相關部件－5

20.
後桅桅柱在甲板安裝後，舵公厝平台施作前安裝。

21.
後桅桅柱立於在船艉甲板上，固定在船右側與日月樑相咬合。

22.
墜鉛垂觀察、調整，使桅柱與地面垂直。

23.
後桅桅柱固定。。

建造流程——船桅

時間：113.04.09～04.19

船桅及相關部件－6

24.
後桅桅柱與桅夾。

25.
桅夾可將桅固定於桅柱上。

26.
立桅時將船桅安置於船身上，觀察是否有需再調整處。

27.
立桅是安龍眼前最後一步驟，安龍眼後便可交附彩繪。

建造流程——船錨

時間：113.04.7～04.11

船錨－1

1.
船錨錨身打板。

2.
船錨錨身取料裁修。

3.
船錨錨打板。

4.
船錨錨臂取料裁修。

建造流程──船錨
時間：113.04.7～04.11

船錨－2

5. 錨臂組裝。

6. 錨鉤打磨、組裝。

7. 船錨完成。

建造流程──小艇
時間：113.04.07～04.13

小艇－1

1. 小艇製版。

2. 小艇木料打版。

3. 小艇船底製作。

4. 小艇前後營、龍骨組裝。

5. 小艇船肋組裝。

建造流程──小艇

時間：113.04.07～04.13

小艇－2

6.
小艇船肋組裝完成。

7.
小艇主結構側面。

8.
小艇主結構俯瞰。

小艇－3

9.
安小艇「波仔」前須先將木料蒸煮，木料軟化後再裝訂。

10.
裁去多餘部分，打磨邊角。

11.
製作小艇船板及各部件、修飾。

建造流程——小艇
時間：113.04.07～04.13

小艇－4

12.
小艇部件，如圖，將槳置於上方便搖槳用，分左右邊供左右利手使用。

13.
小艇部件，如圖，泊港時繫繩索用。

14.
小艇整體。

建造流程——屋舍
時間：113.05.03～05.05

屋舍－1

1.
各種屋舍製作。

2.
馬舍。

3.
雞舍裝。

建造流程──屋舍
時間：113.05.03〜05.05

屋舍-2

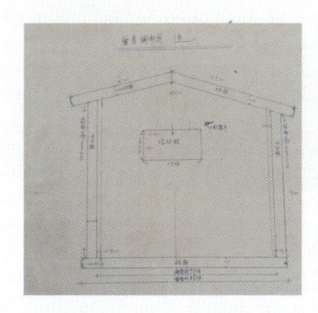

4.
廚房側面圖。

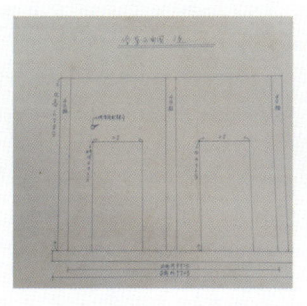

5.
浴廁正面圖。

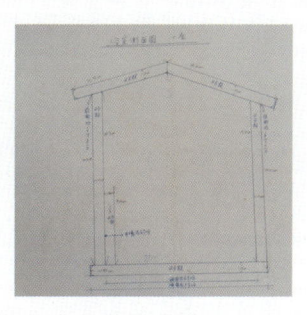

6.
浴室側面圖。

建造流程──各項用具
時間：103.04.09〜05.12

各項用具-1

1.
五王椅、案桌、桌椅等製作。

2.
八仙桌、長椅製作。

3.
桌椅等用具製作。

建造流程──各項用具

時間：103.04.09～05.12

各項用具－2

4.
五王厝門等部件製作。

5.
五王椅。

6.
案桌。

各項用具－3

7.
各種工具。

8.
船上樓梯。

9.
浴桶。

建造流程──船帆

時間：113.04.28～05.19

船帆－1

12.
船帆打版。

13.
將模板放在布料上，依線條勾勒船帆外型。

14.
畫出帆面上支撐骨架的位置。

15.
船帆內裡襯布製作。。

船帆－2

16.
沿支撐骨架線縫製扣環，骨架穿越扣固定在船帆上。

17.
支撐骨架沿線穿過扣環。

18.
支撐骨架尾端開口並打洞咬住船帆外線，再於洞中打入支栓使吃撐骨架逢固定在船帆上。

19.
盡量選擇竹節恰好落在船帆兩邊的骨架料，可避免開口挖洞造成裂痕。

建造流程──船帆

時間：113.04.28～05.19

船帆－3

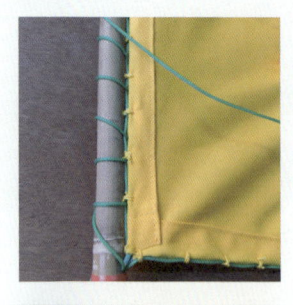

20.
船帆邊緣固定繩走內外兩線，走內外線能增加船帆邊緣強度。

21.
內線沿船帆縫於布邊內。

22.
外線沿船帆縫於邊緣。

23.
船帆頂端與底部固定骨架。

24.
操控索與集索扣、操縱扣。

船帆－4

25.
船帆完成。

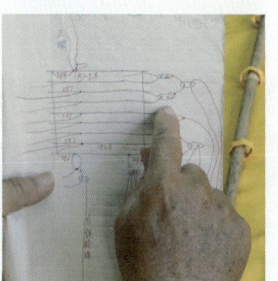

26.
船帆設計圖。

你所不知道的王船小百科
小物篇

Kám-á-si

材質：肖楠樹皮製，目前已停產。

說明：纏在鏍栓末端隨螺栓打入孔中，增加密合度填充鑽孔細縫。

聽風旗

材質：竹製骨架，布製面料。

說明：裝設於船桅頂端，觀測風向用。三粒小圓球原為碎布觀測軟風（每秒0.3-1.5m，風力不能轉動風向儀。）等級以下使用，後為美觀由魏春林司改為圓球型。

趣聞：聽風旗在西港、柳營等地，演變為王船上的鯉魚公。

你所不知道的王船小百科
小物篇

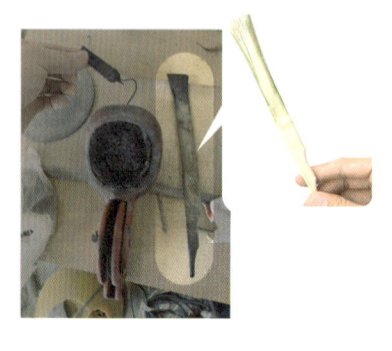

墨筌 ビチ bi-chi

材質：木製。

說明：搭配墨斗使用的竹筆，爲組員各人手製，爲傳統木匠的「筆」，使用時在墨斗斗池內沾墨，梳狀端畫線用，筆狀端做記用，或者拉墨斗線時用梳狀端壓住墨斗池內的線後拉出，確保墨繩沾墨均勻。

廁所汙水道

材質：木製。

說明：早期船隻廁所汙水孔附於船艉後方右側，理論上王船浴廁置於上方。

附錄

琉球三隆宮甲辰正科王船組名冊

組 長：蔡文化。

副組長：陳明益、黃進財、王全清、張家福、陳金餌、蔡坤傑、林樹山、
　　　　魏春林、蔡坤傑。

組 員：田阿德、許合德、蔡慶安、李順財、蔡家勝、蔡潘良、王震興、
　　　　王全瑞、王室程、田秋隆、王冠誌、王士誠、林佳龍、黃丁杉、
　　　　蔡福榮、蔡宗龍、高明道、蔡正義、蔡坤男、楊居春、蔡佳憲、
　　　　蔡進發、蘇揚智、王瑞雲、陳家明、謝春長、蔡正國、許貴財、
　　　　李昭禕、鄭昭永、黃挨揚、陳寶清、洪國發、魏秀紋、蔡麗美、
　　　　陳玉娥、許龍振、潘鳳得、田順財、蔡慶茂、蔡文巨、陳品豪、
　　　　鄧榮欽、林忠逸、盧宣勳、鄭華陽、陳建佐、田偉傑。

你所不知道的王船小百科
禁忌篇

　　一般而言各行業或多或少都有其自傳統沿襲而來的禁忌，即便集現代科學知識結晶於大成的高科技業，在台灣也有不成文的「乖乖」守則，甚至大學實驗室也會在機台上放置綠色包裝奶油口味的乖乖祈求機台順利運作。傳統木造船的木料既沉重，又常需在高架上移動施作，堆積在地的細木屑減低地面磨擦力，加上現代機電工具的使用讓整個過程中充滿要注意的工安，只是一直以來工安並非傳統工地的重點，以筆者的經驗，因工作現場抽座有限，匠司們會在木座上釘上兩根鐵釘，釘子另一端連著通電的電線，將去掉插頭的機具電線繫在通電的釘子上，雖然不受抽座限制盡情疊加電器，但電線外露王船工期又多逢雨季，難免有工安疑慮。

你所不知道的王船小百科
禁忌篇

　　王船組的主體是造船匠，若有相關建造禁忌亦主要沿襲自船匠文化，據筆者採訪採訪魏春隆（採訪於2018）與魏春林（採訪於2024）兩位司傅，他們表示早先學習造船時師傅並無交代什麼禁忌，只有兩點特別注意：

1.製作家私桶底不可一塊木板到底，要將箱底木板分做三塊或多塊組裝，因底板一塊到底加上四周木板形似棺材，為免兆頭不吉，因而家私桶底板分三塊或多塊組裝，以避其象。

2.清理家私桶時，將桶傾斜輕敲使髒污集中掃出，不能把家私桶一百八十度翻轉倒出，因其形狀也類似船隻，家私桶翻轉狀似船隻覆沒，建造船隻時將家私桶做出此動作寓意不佳，因此師傅曾對此特別告誡，此禁忌近似於某些漁民吃魚翻面的忌諱。

　　此外兩位司傅表示學習過程中師傅並無在交代其他禁忌，以筆者參與王船建造的經驗，的確觀察到造船出身的匠司皆不曾做出上述動作，家私桶桶底也都是用三塊木料組裝。

圖說 / 王船寮用家私桶，底部由多塊木板拼成

碧雲寺觀音佛祖也參與在小琉球迎王活動中。（李永倫攝）

國家圖書館出版品預行編目（CIP）資料

萬力：小琉球王船的記憶與技藝/ 鄭華陽, 陳建佐著. --
- [臺中市] : 豐饒文化社, 2025.06　面；　公分
ISBN 978-626-96629-7-5(平裝)
1.CST: 王船祭 2.CST: 民俗活動 3.CST: 民間信仰
4.CST: 屏東縣東港鎮
272.95　113016349

萬力：小琉球王船的記憶與技藝

作　　　者	鄭華陽、陳建佐合著
攝　　　影	李永倫、陳伯儀、劉懷仁、劉家豪、鄭華陽、陳建佐、溫宗翰
責任編輯	溫宗翰
執行編輯	陳怡伶
美術編輯	李盈萱
插　　　畫	李盈萱
指導單位	屏東縣琉球鄉公所
出版單位	豐饒文化社
電子郵件	cncpiabooks@gmail.com
經　銷　商	前衛出版社＆草根出版公司

出刊日／2025年6月
ISBN／978-626-96629-7-5

定價／540
版權所有 翻印必究